Magia no Microondas

Cociña Rápida e Deliciosa

Andrés Rodríguez

Contidos

Paella *13*
Paella con pimento *14*
Galiñas Amandine *15*
Amandini de polo con tomate e albahaca *16*
galiñeiro *17*
Polo en salsa de crema con apio *18*
Polo en salsa de crema con patacas fritas *18*
Polo real *18*
O rei de Turquía *19*
Polo real con queixo *20*
Abreviaturas de polo á rei *20*
Fígado de polo máis fraco *20*
As cellas de fígado de pavo dos Slimmers *22*
Tetrazzini de polo *23*
Cazola con polo e unha mestura de verduras *24*
Polo de mel sobre arroz *25*
Polo con limón nunha salsa de ron branco *26*
Polo con laranxa en salsa de coñac *27*
Pasta para bebés con muslos en salsa churrasco *28*
Polo en salsa mole mexicana *28*
Ás de polo en salsa churrasco con pasta para nenos *30*
Pollo Jambalaya *30*

Turquía Jambalaya *31*

Polo con castañas *32*

Polo Gumbo *33*

Gumbo turco *35*

Peituga de polo con pasta marrón laranxa *35*

Polo en salsa cremosa de paprika *36*

Pavo nunha salsa cremosa de pementa *37*

Polo do Bosque *38*

Polo con mazás e pasas *39*

Polo con peras e pasas *40*

Polo con pomelo *41*

Polo húngaro e unha mestura de verduras *42*

Polo Bourguignon *43*

Buñuelos de polo *45*

Frixi de polo con viño *46*

O último polo *46*

Coq au vin *47*

viño de cogomelos *48*

Coca-Cola tamén está dispoñible *48*

Batería incorporada para rango *49*

Cazadores de galiñas *50*

Segue o polo *51*

Polo Marengo *51*

Polo do día *52*

o capitán *53*

Polo en salsa de tomate e alcaparras *55*

Pementos de polo *57*

Sombras de galiñas orientais 59
Nosa Alteza 61
Bisté de pavo 62
España Turquía 63
Tacos turcos 64
Tacos de filloas 65
Pan de pavo 66
Curry de pavo de Madras 67
Curry de froitas con froita 68
Torta de pavo e manteiga 69
Pavo e arroz con recheo 71
Pavo glaseado de castañas de laranxa 72
pato agridoce 73
Pato cantonés 74
Pato con salsa de laranxa 75
Pato en francés 76
Asar ósos e fritir anacos de carne 79
Carne de porco agridoce con laranxa e limón 80
A carne é carne 81
Praza con pavo e salchicha 82
Aderezar o lombo de porco 82
Anel hawaiano con carne de porco e ananás 83
Cazola hawaiana con touciño e piña 84
Xamón de Nadal 85
O castelo acristalado de Gammon 86
Paella con salame español 86
Albóndigas estilo suízo 87

Carne de porco ao forno con galletas 88
Carne de porco asada con mel 89
Carne de porco con repolo vermello 89
Carne de porco ao romanés... 90
Un prato de porco e verduras... 91
Porco chile.. 92
Carne de porco con chutney e mandarina....................................... 93
Costelas á grella.. 94
Chicoria envolta en xamón en salsa de queixo................................ 95
Costelas de porco nunha salsa de churrasco de laranxa pegajosa 97
Pudim de bisté e cogomelos... 98
Bisté e leite de ril 100
Bife e pudim de castañas 100
Asar as noces e sal a sopa 101
"Pastel de carne" sudamericano.. 101
"Pastel de carne" brasileiro con ovos e olivas............................... 102
Bocadillo de Rubén... 102
Chow Mein de carne 103
Carne de Sue... 103
Goza da berenxena e da carne 103
Paté de curry... 105
Albóndigas italianas 106
Boliñas rápidas con pementos 107
Bisté con herbas.. 108
Bistec de garavanzo ao estilo malayo con coco 109
Bisté rápido e rolos de maionesa... 110
Bisté guisado ao viño tinto... 111

auga plana 113
É marinado nunha mestura de verduras, tomates e herbas 114
Salsa Tahini de Berenjenas de Oriente Medio 115
Améndoa turca 116
inmersión en grego 117
Pantano de Cau 118
adeus 119
Cogomelos Salgados Cóctel 121
Berenjenas ao forno recheas de ovo e piñóns 122
Cogomelo grego 123
Vinagreta de alcachofa 124
Ensalada César 125
Chicoria holandesa con ovo e manteiga 126
Maionesa con ovos 127
Ovos con maionesa Skordalia 127
Scotch Woodcock 128
Ovos con maionesa sueca 129
Ensalada de feixón turco 130
Ensalada de fabas con ovos 131
Consellos para ollas 133
Os potes 134
Ovo revolto con aguacate 134
Aguacate recheo de tomate e queixo 135
Ensalada escandinava con rolos e mazás 136
Mop con salsa de curry e ensalada de mazá 138
Leituga con queixo de cabra e aderezo morno 139
Xeado de Tomate Jelly 139

Tomates recheos *140*
Tomates recheos italianos *141*
Vasos de ensalada de tomate e polo *143*
Ovos e cebola picada *144*
Quiche Lorraine *145*
Queixo e tomate *146*
Mesturar co salmón afumado *147*
A filloa é curta *147*
espinacas *147*
mar mediterráneo *147*
Quiche con espárragos *148*
Porca rachada *150*
Noces con curry brasileiro *151*
Queixo azul e pacanas *152*
Rico fígado *153*
Sopa quente de cangrexo salgado *155*
Unha sopa oriental lixeira *157*
Sopa de fígado *158*
Sopa de crema de cenoria *159*
Sopa fría de cenoria e avea *160*
Sopa De Cenoria E Coentro *161*
Cenoria con sopa de laranxa *161*
Sopa de ensalada cremosa *162*
Sopa de sopa verde *163*
sopa de perexil-perexil con wasabi *163*
Sopa de patacas *164*
Sopa de crema de verduras *164*

Sopa de chícharos verdes 165
Sopa de cabaza 166
Sopa de crema de cogomelos 166
Sopa de crema de cabaza 166
sopa de coco 167
Sopa.Sopa 168
Sopa israelí con polo e aguacate 169
Sopa de aguacate con carne cruda 170
a sopa 170
borscht frío 171
borscht frío 172
Sopa de millo laranxa 172
Sopa de millo laranxa con queixo e anacardos asados 173
sopa de millo con guarnición de tomate 174
Sopa de chícharos amarelos 174
Sopa francesa de cebola 175
Sopa italiana de verduras 176
Minestrone Genovese 177
Sopa italiana de patacas 178
Sopa fresca de tomate e apio 179
sopa de tomate con salsa de aguacate 180
Sopa fría de queixo e cebola 181
Sopa de queixo suízo 182
Sopa Avgolemono 183
Sopa de crema de pepino con pastis 184
Sopa de curry con arroz 185
salsa vichy 186

Sopa fría de pepino con iogur.. 187
Sopa de espinacas arrefriada con iogur..................................... 188
Sopa de tomate arrefriada con Sheriff...................................... 189
Vara de Nova Inglaterra.. 190
sopa de cangrexo 191
Sopa de cangrexo e limón 192
Galletas de lagosta 192
Sopa de paquete seco 193
Sopa enlatada 193
Quentar as sopas 193
Quenta os ovos para cociñar 193
Ovos fritos... 194
Ovos duros (fritidos)... 195
Desfile de gaitas.. 196
Pementa negra con Gammon... 197
Desfile de gaitas.. 197
Ovos florentinos.. 198
Ovo Rossini... 199
si.. 199
Tortilla clásica.. 201
Deliciosas tortillas.. 202
Tortilla para almorzar.. 203
Ovos escalfados con queixo fundido.. 204
Ovos Benedicto 204
Tortilla de Arnold Bennett 205
Tortilla 206
Tortilla española cunha mestura de verduras 207

Tortilla española con xamón *208*
Ovos de queixo en salsa de apio *208*
Fu unung ovos *209*
Tortilla con pizza *210*
Tortilla con leite *211*
Rumores con Eric *212*
Kipper cocido *213*
Camarón madraza *215*
É cocido con salsa martini *217*

paella

Portas 6

1 kg de peituga de polo desossada
30 ml / 2 culleradas de aceite de oliva
2 cebolas, picadas
2 dentes de allo, finamente picados
1 pemento verde (aceite), sementado e picado
225 g/8 oz/1 cunca de arroz de risotto
1 paquete de azafrán en po ou 5 ml/1 cucharadita de cúrcuma
175 g/1½ cunca de garavanzos conxelados
4 tomates, pelados e sen sementes
225 g de mexillóns cocidos
75 g / 3 oz / ¾ cunca de xamón picado
125 g / 4 oz / 1 cunca de camaróns (curtos)
600 ml/porción 1/2 ½ cunca de auga fervendo
7,5-10 ml / 1½ - 2 culleres de té de sal
Engade ameixas cocidas, ameixas cocidas e anacos de limón para decorar

Coloca o polo no bordo dunha fonte de forno de 25 cm/10 de diámetro (forno holandés), facendo un burato no centro. Cubra con papel film (plástico) para que escape o vapor e corte pola metade. Cociña durante 15 minutos. Coar o líquido e reservar. Cortar o polo en anacos. Lavar e secar o prato. Engade o aceite á tixola e quenta durante 1 minuto. Mesturar a cebola, o allo e o pemento verde. Cociña a lume completo durante 4 minutos. Engade todos os ingredientes restantes, incluído o polo e o licor reservado, e mestura ben. Cubra como antes e coce durante 20 minutos, dándolle tres voltas á tixola. Ás durante 10 minutos, despois enforna por outros 5 minutos. Cubrir con ameixas, mexillóns e cuartos de limón e decorar.

Paella con pimento

Portas 6

Preparar a paella, descartando as cunchas e outros mariscos se o desexa, e decorar con rodas de limón e un paquete de 200 g de pemento curto cortado en tiras e garavanzos extra.

Galiñas Amandine

usas 4

Unha receita tradicional de galletas mantecadas norteamericanas.

4 polo (polo), aproximadamente 450 g/1 lb cada un
300 ml/10 fl oz/1 lata de sopa de crema de cogomelos condensada
150 ml/¼ pt/2/3 cunca de xerez seco medio
1 cebola allo, picado
90 ml / 6 culleradas de améndoas moídas tostadas (cortadas).
175 g/6 oz/¾ cunca de arroz integral, cocido
brócolis

Coloque o peito da sopa cara abaixo nunha soa capa nun prato grande e profundo apto para microondas. Cubra con papel film (plástico) para que escape o vapor e corte pola metade. Ás durante 25 minutos, xirando a tixola catro veces. Agora xira o polo para que quede peito. Desglase o caldo de xerez e calquera caldo de polo. Mestura o allo. Despeje o polo. Cubra como antes e cociña durante 15 minutos, xirando a tixola tres veces. Deixar durante 5 minutos. Transferir o polo a pratos quentes e botar sobre a salsa. Espolvoreo con améndoas e serve con arroz e brócoli.

Amandini de polo con tomate e albahaca

usas 4

Fai o polo Amandine, pero substitúe a sopa de cogomelos por crema de tomate condensada e xerez marsala. Ao final da cocción, engade 6 follas de albahaca rasgadas.

galiñeiro

usas 4

Outra sinxela especialidade norteamericana, normalmente elaborada con brócoli.

1 brócoli grande, cocido
25 g / 1 oz / 2 culleradas de manteiga ou margarina
45 ml/3 culleres de sopa de fariña simple (para todo uso).
150 ml/¼ pt./2/3 cunca de caldo de polo quente
150 ml/¼ cucharadita/2/3 cunca de crema (lixeira).
50 g/½ cunca de queixo Leicester vermello relado
30 ml / 2 culleradas de viño branco seco
5 ml/1 porción de mostaza
225 g/8 oz/2 cuncas de polo cocido, desmenuzado
Sal
cacahuetes
45 ml / 3 culleradas de parmesano relado
pementa

Cortar o brócoli en ramilletes e poñer un pouco de aceite nunha cunca de 25 cm de diámetro. Quenta a manteiga ou a margarina nunha pota separada ata ferver, 45-60 segundos. Revolver e botar lentamente o caldo quente e a nata. Cociña durante 4-5 minutos, mexendo cada minuto, ata que estea espesa e espesa. Engade o Leicester tinto, o viño, a mostaza e o polo. Engade sal e noz moscada a gusto. Despeje a salsa sobre o brócoli. Espolvoreo con parmesano e pimentón. Cubra con papel film (plástico) para que escape o vapor e corte pola metade. Quenta a pasta durante 8-10 minutos ata que se derrita.

Polo en salsa de crema con apio

usas 4

Fai unha sopa co polo, pero podes substituír o brócoli por 400 g/14 oz/1 corazón de apio. (O líquido do frasco pódese gardar para outras receitas).

Polo en salsa de crema con patacas fritas

usas 4

Prepárase como un bocadillo de polo, pero con queixo e pementa por riba. Pola contra, espolvoreo 1 bolsa pequena de patacas fritas.

Polo real

usas 4

Outra importación americana e unha forma innovadora de aproveitar as sobras de polo.

40 g / 1½ oz / 3 culleradas de manteiga ou margarina
40 g / 1½ oz / 1½ colher de sopa de fariña (para todo uso).
300 ml/½ cucharadita/1¼ cunca de caldo de polo quente
60 ml / 4 culleradas de crema dobre (espesa).
1 pemento vermello enlatado, cortado en rodajas finas
200 g/7 oz/arr 1 cunca de cogomelos enlatados en rodajas, escurridos
Sal e pementa negra recén moída
350 g / 12 oz / 2 cuncas de polo cocido, desmenuzado
15 ml/1 colher de sopa de xerez seco medio
Tostadas frescas para servir

Coloque a manteiga ou a margarina nunha pota de 1,5 cuartos/2½ cuartos/6 cuncas (forno holandés). Quenta ao forno sen cubrir durante 1 minuto. Mesturar a fariña, despois mesturar gradualmente o caldo e a nata. Poñer a ferver a lume alto durante 5-6 minutos ata que espese, mexendo cada minuto. Engade todos os demais ingredientes e mestura ben. Cubrir cun prato e quentar un máximo de 3 minutos. Deixamos repousar a torrada durante 3 minutos antes de servir.

O rei de Turquía

usas 4

Prepárase como Chicken à la King (arriba), pero substitúe o polo por pavo cocido.

Polo real con queixo

usas 4

Prepare o polo á King (arriba), pero despois de quentalo durante 3 minutos, espolvoreo con 125 g/1 cunca de queixo vermello Leicester relado. Quenta a lume completo durante 1-1 1/2 minutos máis ata que o queixo se derrita.

Abreviaturas de polo á rei

usas 4

Prepare o polo ao rei. Antes de servir, cubra 4 galletas de queixo simples ou grandes e coloque o fondo en catro pratos quentes. Cubra coa mestura de polo e cubra. Cómao quente.

Fígado de polo máis fraco

usas 4

O prato principal baixo en graxa e baixo en amidón sérvese con brócoli ou repolo en lugar de patacas.

15 ml / 1 cucharada de aceite de oliva ou aceite de xirasol
1 pemento vermello (sen sementes e en rodajas finas)
1 cenoria grande, cortada en rodajas finas
1 cebola grande, cortada en rodajas finas
2 talos grandes de apio cortados en diagonal en rodajas finas
450 g de fígado de polo, cortado en anacos pequenos
10 ml/2 partes de fariña de millo (fariña de millo)
4 tomates grandes, pelados, sen sementes e picados grosamente
Sal e pementa negra recén moída

Coloque a manteiga nunha cazola de 1,75 qt / 3 pt / 7½ cuncas (forno holandés). Mestura as verduras preparadas e cociña sen tapar a lume alto durante 5 minutos, mexendo dúas veces. Engade o fígado ás verduras e cociña a alta velocidade durante 3 minutos, mexendo ocasionalmente. Mestura o millo, o tomate e as especias ao gusto. Cubra con papel film (plástico) para que escape o vapor e corte pola metade. Cociña durante 6 minutos, dándolle voltas unha vez.

As cellas de fígado de pavo dos Slimmers

usas 4

Prepárate para cociñar fígado de polo Slimmers, pero substitúe o fígado de polo por fígado de pavo.

Tetrazzini de polo

usas 4

175 g/1½ cunca de pasta curta
300 ml/10 fl oz/1 lata de crema condensada de polo ou sopa de cogomelos
150 ml/¼ pt./2/3 cunca de leite
225 g de cogomelos en rodajas
350 g / 12 oz / 2 cuncas de polo cocido en frío, ralado
15 ml/1 colher de sopa de zume de limón
50 g/2 oz/¾ cunca de améndoas en escamas (cortadas).
1,5 ml/¼ cucharadita de cacahuete
75 g / 3 oz / ¾ cunca de queixo cheddar, finamente relado

Cociña a pasta segundo as instrucións do paquete. sorteo Despeje a sopa nunha tixola engrasada de 1,75 cuartos / 3 cuartos / 7½ cuncas. Hai que ferver o leite. Cociña a lume alto ata que burbulla suavemente, uns 5 a 6 minutos. Mestura todos os ingredientes, excepto os macarróns e o queixo. Cubra con papel film (plástico) para que escape o vapor e corte pola metade. Cociña durante 12 minutos, xirando a tixola tres veces. Espolvoreo con queixo. Grella quente convencional (grill).

Cazola con polo e unha mestura de verduras

usas 4

4 patacas grandes ao forno, cortadas en rodajas finas
3 cenorias cocidas, cortadas en rodajas finas
125 g/1 cunca de garavanzos cocidos
125 g/4 oz/1 cunca de millo doce cocido
4 pezas de polo de 225 g cada unha, coa pel
300 ml/10 fl oz/1 lata de crema condensada de apio ou outro sabor
45 ml / 3 culleres de sopa de xerez seco medio
30 ml / 2 culleres de nata (lixeira).
1,5 ml / ¼ cucharadita de noces trituradas
75 g/3 oz/1¼ cunca de millo moído

No fondo dun prato untado de 25 cm/10 cm de diámetro de fondo, coloque as rodajas de pataca e cenoria. Verter os garavanzos e o leite condensado azucarado e engadir o polo. Cubra con papel film (plástico) para que escape o vapor e corte pola metade. Cociña durante 8 minutos, xirando a tixola catro veces. Mestura a sopa co resto dos ingredientes excepto os flocos de millo. Coloque encima do polo. Cubra como antes e cociña durante 11 minutos, dándolle a volta á tixola dúas veces. Deixar durante 5 minutos. Retire e espolvoree o millo na mazorca antes de servir.

Polo de mel sobre arroz

usas 4

*25 g / 1 oz / 2 culleradas de manteiga ou margarina
1 cebola grande, picada
6 pezas de porco tirado (en rodajas), picados
75 g/3 oz/1/3 cunca de arroz de grans longos lixeiramente cocido
300 ml/½ cucharadita/1 ¼ cunca de caldo de polo quente
A nova localización é Black Pepper
4 peitugas de polo de 175 g cada unha
Ralladura fina e zume de 1 laranxa
30 ml / 2 culleres de sopa de mel escuro puro
5 ml/1 pimentón
5 ml/1 porción de salsa Worcestershire*

Poñer a manteiga ou a margarina nun prato fondo cun diámetro de 20 cm / 8 cm. Ferva durante 1 minuto. Mestura a cebola, a carne de porco, o arroz, a sopa e a pementa ao gusto. Coloque o anel encima do polo. Mestura a ralladura e o zume de laranxa, o mel, o pimentón e a salsa Worcestershire. Reserva a metade do polo. Cubra con papel film (plástico) para que escape o vapor e corte pola metade. Cociña durante 9 minutos, xirando a tixola tres veces. Buscar Pincela o polo coa mestura de mel restante. Cociña a lume completo durante 5 minutos. Deixar por 3 minutos antes de servir.

Polo con limón nunha salsa de ron branco

usas 4

25 g / 1 oz / 2 culleradas de manteiga ou margarina
10 ml / 2 culleradas de aceite de millo ou xirasol
1 porro, cortado en rodajas moi finas
1 cebola allo, picado
75 g / 3 oz / ¾ cunca de xamón magro, picado
675 g de peituga de polo pequena, cortada en anacos pequenos
3 tomates, pelados, sen sementes e picados grosamente
30 ml/2 culleres de sopa de ron branco
5 cm/2 tiras de casca de limón
1 zume de laranxa doce
Sal
150 ml/¼ pt/2/3 cunca de iogur natural
tanque (opcional)

Poñer a manteiga ou a margarina e o aceite nun forno de 23 cm (forno holandés). Acende o lume durante 1 minuto. Mestura a cebola, o allo e a fariña. Mestura dúas veces e cociña a lume completo durante 4 minutos. Mesturar o polo. Cubra cun prato e cociña durante 7 minutos, dándolle a volta ao prato dúas veces. Engade todos os ingredientes, excepto o iogur e a auga, se o usas. Cubra con papel film (plástico) para que escape o vapor e corte pola metade. Cociña durante 8 minutos, xirando a tixola catro veces. Buscar Combina o iogur cun pouco de líquido e bota sobre o polo ata que quede suave e cremoso.

Quenta durante 1½ minuto. Desbotar a casca de limón. Adornado cun tanque,

Polo con laranxa en salsa de coñac

usas 4

Fai a mesma receita para o polo na salsa de ron branco e limón, pero substitúe o brandy por ron e anacos de limón. Use 60 ml / 4 culleres de sopa de ginger ale en lugar de zume de laranxa.

Pasta para bebés con muslos en salsa churrasco

usas 4

900 g de patas de polo
2 cebolas, picadas
2 cebolas, picadas
30 ml / 2 culleres de mostaza
2,5 ml/½ cucharadita de pementón
5 ml/1 porción de salsa Worcestershire
400 g / 14 oz / 1 tomate grande, picado en zume de tomate
125 g/1 cunca de calquera pasta pequena
7,5 ml / 1½ cucharaditas de sal

Nun prato fondo cun diámetro de 25 cm/10, colocar os ósos cara ao centro, como un círculo de palillos. Cubra con papel film (plástico) para que escape o vapor e corte pola metade. Cociña durante 8 minutos, xirando a tixola tres veces. Mentres, coloque as verduras nun bol e mestura o resto dos ingredientes. Retire o polo do microondas e bota o zume de polo na mestura de vexetais. Mestura ben. cullerada a cullerada Cubra como antes e cociña durante 15 minutos, xirando a tixola tres veces. Deixar 5 minutos antes de servir.

Polo en salsa mole mexicana

usas 4

4 peitugas de polo de 175 g cada unha, coa pel

30 ml / 2 culleradas de aceite de millo

1 cebola grande, cortada en rodajas finas

1 pemento verde (aceite), sementado e picado

1 cebola allo, picado

30 ml/2 culleres de sopa de fariña simple (para todo uso).

3 cangrexos

1 folla de grelo

2,5 ml / cullerada de sopa de canela moída

5 ml/1 porción de sal

150 ml/¼ pt/2/3 cunca de zume de tomate

50 g/2 oz/½ cunca de chocolate simple (semidoce), partido en anacos

175 g/6 oz/¾ cunca de arroz cocido longo

15 ml / 1 cucharada de aceite de allo

Coloque o polo nun prato de 20 cm de profundidade. Cubra con papel film (plástico) para que escape o vapor e córteo á metade. Deixe ferver durante 6 minutos. Deixar mentres prepara a salsa. Nunha pota aparte, quentar a manteiga sen sal durante 1 minuto. Incorporar a cebola, o pemento verde e o allo. Revolver dúas veces e cociñar a lume máximo durante 3 minutos. Engadir a fariña, despois o apio, o loureiro, a canela, o sal e o zume de tomate. Cocer a lume alto durante 4 minutos, mexendo cada minuto. Retirar do microondas. Engadir o chocolate e mesturar ben remover. Cocer a lume alto durante 30 segundos. Retirar o polo e botar a salsa picante. Tapar como antes e cociñar 8 minutos. Deixar 5 minutos. Servir con arroz. e aceite de allo.

Ás de polo en salsa churrasco con pasta para nenos

usas 4

Fai as pernas na salsa de sopa de fideos para bebés, pero substitúe as ás de polo.

Pollo Jambalaya

3-4 comidas

Un prato de Luisiana, este delicioso prato de arroz e polo é parente da paella.

2 peitugas de polo
50 g de manteiga ou margarina

2 cebolas grandes, picadas
1 pemento vermello (aceite), sementado e picado
4 cebolas, picadas
2 dentes de allo, finamente picados
225 g / 8 oz / 1 cunca de arroz de grans longos lixeiramente cocido
400 g / 14 oz / 1 tomate grande, picado en zume de tomate
10-15 ml / 2-3 culleres de sal

Coloque o polo ao carón dun prato de 25 cm de profundidade. Cubra con papel film (plástico) para que escape o vapor e córteo á metade. Poña a ferver durante 7 minutos. Deixar 2 minutos. Transfire o polo a un prato e triturar.Verter os zumes de polo na pota e reservar.. Limpar e secar a tixola, engadir o aceite e deixar que se derrita a máxima potencia durante 1,5 minutos Mesturar co líquido reservado o polo, as verduras cocidas, o allo, o arroz e os tomates. Sazonar con sal ao gusto.Tapar como antes e cociñar a lume máximo durante 20-25 minutos para secar os grans de arroz.e ata que se absorba toda a humidade Deixar 5 minutos, mesturar cun garfo e servir inmediatamente.

Turquía Jambalaya

3-4 comidas

Prepárase como Chicken Jambalaya, pero substitúe o pavo por polo.

Polo con castañas

usas 4

25 g / 1 oz / 2 culleradas de manteiga ou margarina
2 cebolas grandes, peladas e raladas
430 g/15 oz/1 puré grande de castañas sen azucre
2,5 ml/culler de sopa de sal
4 peitugas de polo sen pel de 175 g cada unha
3 tomates, mesturados, pelados e cortados en rodajas
30 ml / 2 culleradas de perexil picado

Servir con repolo vermello e patacas cocidas

Coloca a manteiga ou a margarina nun prato de 20 cm/8 cm de profundidade e deixa que a pasta se derrita en 1,5 minutos despois da súa apertura. Mesturar coa cebola. Cociña a lume completo durante 4 minutos. Engadir unha cullerada de puré de castañas e sal, mesturar ben e mesturar ben a cebola. Estender unha capa uniforme no fondo do prato e colocar a peituga de polo encima, ata o bordo do prato. Decorar con rodajas de tomate e perexil. Cubra con papel film (plástico) para que escape o vapor e corte pola metade. Cociña durante 15 minutos, xirando a tixola tres veces. Deixar por 4 minutos. Servir con repolo vermello e patacas.

Polo Gumbo

Portas 6

Unha mestura de sopa e guiso, o gumbo é un confort do sur e unha das principais exportacións de Luisiana. Os pratos principais son o okra (dedos de señora) e repolo, verduras doces, especias, caldo e polo.

50 g/2 oz/¼ cunca de manteiga
50 g/2 oz/½ cunca de fariña simple (para todo uso).
900 ml / 1½ pezas / 3¾ cuncas de caldo quente

350 g / 12 oz de okra (dedos de señora), con ou sen colas

2 cebolas grandes, cortadas en rodajas finas

2 dentes de allo, finamente picados

2 varas de apio grandes, cortadas en rodajas finas

1 pemento verde (aceite), sementado e picado

15-20 ml / 3-4 culleres de té de sal

10 ml / 2 culleres de sopa de cilantro (coriandro)

5 ml/1 porción de cúrcuma

- Universal 5-10 ml / 1-2 culleres

30 ml / 2 culleres de sopa de zume de limón

2 follas de rolo

5-10 ml / 1-2 culleres de sopa de salsa de chile

450 g/1 lb/4 cuncas de polo cocido e ralado

175 g/6 oz/¾ cunca de arroz cocido longo

Coloque a manteiga nunha pota de 2,5 cuartos / 4½ cuartos / 11 cuncas (forno holandés). Acende o lume durante 2 minutos. mesturar. Ás durante 7 minutos, mexendo cada minuto, ata que as galletas estean ben feitas e marrón claro. Despega aos poucos o caldo quente. Cortar cada okra en oito anacos e engadir á pota con todos os ingredientes excepto polo e arroz. Cubra con papel film (plástico) para que escape o vapor e corte pola metade. Cociña durante 15 minutos. Mesturar o polo. Cubra como antes e cociña durante 15 minutos. Deixar durante 5 minutos. Mesturar as cuncas coa sopa e reservar. Engade un anaco de arroz a cada un.

Gumbo turco

Portas 6

Prepárase como Chicken Gumbo, pero substitúe o pavo cocido.

Peituga de polo con pasta marrón laranxa

usas 4

60 ml/4 culleres de sopa de marmelada de laranxa (dunha lata) ou ben picada
15 ml/1 cucharada de vinagre de malta
15 ml / 1 cucharada de salsa de soia
1 cebola allo, picado
2,5 ml/culler de sopa de xenxibre moído
7,5 ml / 1½ colher de sopa de maicena (millo)

4 peitugas de polo de 200 g cada unha, coa pel
Comida preparada chinesa

Mestura todos os ingredientes, excepto o polo e o pan relado nunha cunca pequena. Quenta completa e sen abrir durante 50 segundos. Coloca as peitugas de polo nun prato de 20 cm de diámetro/8 cm de profundidade. Engade a metade da masa. Cubra cun prato e cociña durante 8 minutos, dándolle a volta ao prato dúas veces. Darlle a volta aos peitos e pincelar co aceite restante. Cubra como antes e cociña durante 8 minutos máis. Deixar 4 minutos e servir con comida chinesa.

Polo en salsa cremosa de paprika

Portas 6

25 g / 1 oz / 2 culleradas de manteiga ou margarina
1 cebola pequena, cortada en rodajas finas
4 peitugas de polo
15 ml / 1 cucharada de fariña de millo (almidón de millo)
30 ml/2 culleres de sopa de auga fría
15 ml / 1 cucharada de puré de tomate (pasta)
20-30 ml / 4-6 culleres de sopa de pementa verde de Madagascar en botellas ou latas
150 ml / ¼ pt / 2/3 cunca de crema (leite).
5 ml/1 porción de sal
275 g/10 oz/1 ¼ cuncas de arroz cocido longo

Coloca a manteiga ou a margarina nun prato de 20 cm/8 polgadas de profundidade 45-60 segundos sen que se derrita, sen tapar. Engadir a cebola. Cociña a lume completo durante 2 minutos. Corta a peituga de polo a través do gran en tiras de 2,5 cm/1 polgada de ancho. Mestura ben a manteiga e a cebola. Cubra con papel film (plástico) para que escape o vapor e corte pola metade. Cociña durante 6 minutos, xirando a tixola tres veces. Mentres tanto, mestura coidadosamente o millo coa auga fría. Mestura o resto dos ingredientes excepto o arroz. Mestura o polo e a cebola, empurrando a mestura ata os bordos do prato, deixando un pouco de espazo no medio. Cubra como antes e cociña durante 8 minutos, dándolle catro voltas á tixola. Deixar por 4 minutos. Mesturar co arroz antes de servir.

Pavo nunha salsa cremosa de pementa

Portas 6

Fai a mesma salsa cremosa de chile de polo, pero substitúe o polo por pavo.

Polo do Bosque

usas 4

4 cuartos de polo sen pel, de 225 g cada un
30 ml / 2 culleradas de aceite de millo ou xirasol
175 g/6 oz de costeletas magras de porco (cortadas en dados),
cortadas en rodajas
1 cebola, picada
175 g de cogomelos cortados en rodajas
300 ml / ½ peza / 1¼ cuncas de tomates secos (passata)
15 ml/1 colher de sopa de vinagre marrón
15 ml/1 colher de sopa de zume de limón
30 ml / 2 culleres de sopa de azucre moreno claro
5 ml / 1 cucharada de mostaza preparada

30 ml/2 culleres de sopa de salsa Worcestershire
Follas de cilantro picadas para decorar

Coloque o polo ao lado dunha fonte de 25 cm (forno holandés). Cubra con papel film (plástico) para que escape o vapor e corte pola metade. Despeje o caldo nunha tigela separada e quenta sen tapar durante 1 minuto. Engadir touciño, cebola e cogomelos. Cociña a lume completo durante 5 minutos. Mestura todos os outros ingredientes. Cociña o polo completamente cuberto durante 9 minutos, dándolle a volta dúas veces. Cubrir coa mestura de vexetais e decorar. Cubra como antes e cociña durante 10 minutos, xirando a tixola tres veces. Deixar durante 5 minutos. Espolvoreo con cilantro antes de servir.

Polo con mazás e pasas

usas 4

25 g / 1 oz / 2 culleradas de manteiga ou margarina
900 g de coxas de polo
2 cebolas, picadas
3 mazás de cola, peladas e sen corazón
30 ml / 2 culleres de sopa con pasas
1 dente de allo, finamente picado
30 ml/2 culleres de sopa de fariña simple (para todo uso).
250 ml / 8 fl oz / 1 cunca con colorante
2 cubos de tenreira
2,5 ml/culler de sopa de tomiño seco
Sal e pementa negra recén moída

30 ml / 2 culleradas de perexil picado

Coloque a manteiga ou a margarina nunha tixola de 25 cm/10 polgadas (forno holandés). Destape mentres se derrite durante 1-1 ½ minutos. Engadir o polo. Cubra con papel film (plástico) para que escape o vapor e corte pola metade. Cociña durante 8 minutos. Tapar e darlle a volta ao polo. Cubra como antes e cociña durante 7 minutos máis. Cubra e bota a cebola, a mazá, as pasas e o allo. Mestura lentamente o allo, despois o resto da cenoria. Cortar a salsa, engadir a masa e probar. Despeje o polo. Cubra como antes e cociña durante 8 minutos, ata que o líquido estea bulindo e espese un pouco. Deixar durante 5 minutos. Tapar e espolvorear con perexil.

Polo con peras e pasas

usas 4

Fai a mesma receita de polo con mazás e pasas, pero substitúe as mazás por pera e sidra escura.

Polo con pomelo

usas 4

2 tallos de apio
30 ml / 2 culleres de manteiga ou margarina
1 cebola grande, finamente picada
4 coxas grandes de polo, 1 kg en total, coa pel
Fariña simple (todo uso).
1 pomelo rosa
150 ml/¼ pt./2/3 copas de viño branco ou rosado
30 ml / 2 culleres de sopa de puré de tomate (pasta)
1,5 ml/¼ cucharadita de romeu seco
5 ml/1 porción de sal

Cortar o apio a través do gran en tiras finas. Coloque a manteiga ou a margarina nun prato de 25 cm/10" de profundidade. Derreter completamente en 30 segundos. Mesturar a cebola e o apio. Cociña durante 6 minutos. Espolvorea lixeiramente o polo con fariña e colócao no bordo da tixola. Cubra con papel film (plástico) para que escape o vapor e corte pola metade. Cociña durante 10 minutos, xirando a tixola tres veces. Mentres, pelamos o pomelo e o corte entre as membranas. Cubra o polo e espolvoreo coas rodajas de pomelo. Desglasar o viño co puré de tomate, o romeu e o sal e botar sobre o polo. Cubra como antes e cociña durante 10 minutos. Deixar 5 minutos antes de servir.

Polo húngaro e unha mestura de verduras

usas 4

25 g / 1 oz / 2 culleres de sopa de aceite ou cebola
2 cebolas grandes, picadas
1 pemento verde pequeno (graxo).
3 cenorias pequenas (azuis), cortadas en rodajas finas
450 g de peituga de polo sen óso, cortada en rodajas
15 ml/1 cucharadita de pementón
45 ml / 3 culleres de sopa de puré de tomate (pasta)
150 ml / ¼ pt / 2/3 cunca de crema (leite).
5-7,5 ml / 1-1 cucharadita de sal

Poñer a manteiga ou o allo nunha tixola de 25 cm/10 (forno holandés). Quenta sen cubrir durante 1-1 ½ minutos. Mesturar coa cebola. Cociña a lume completo durante 3 minutos. Mesturar con pemento verde, cebola, polo, pemento e puré de tomate. Cubra con papel film (plástico) para que escape o vapor e corte pola metade. Fritir durante 5 minutos, xirando a tixola tres veces. Buscar Engadir pouco a pouco a nata e o sal. Cubra como antes e cociña durante 8 minutos. Deixar durante 5 minutos, despois remover e servir.

Polo Bourguignon

Portas 6

O prato principal adoita ser carne de tenreira, pero máis lixeiro con polo.

25 g / 1 oz / 2 culleradas de manteiga ou margarina
2 cebolas, picadas
1 cebola allo, picado
750 g de peituga de polo, cortada en rodajas
30 ml / 2 culleres de sopa de fariña de millo (fécula de millo)
5 ml/1 porción de mostaza continental
2,5 ml/culler de sopa de mestura de herbas secas
300 ml / ½ pt / 1¼ cunca de viño de Borgoña
225 g de cogomelos, cortados en rodajas finas
5-7,5 ml / 1-1 cucharadita de sal
45 ml / 3 culleradas de perexil picado

Coloque a manteiga ou a margarina nunha tixola de 25 cm/10 polgadas (forno holandés). Deixa que os fideos se desconxelen dentro de 1,5 minutos despois da súa apertura. Mesturar a cebola e o allo. Cubra cun prato e cociña durante 3 minutos. Abre o polo e debes atopalo. Cubra con papel film (plástico) para que escape o vapor e corte pola metade. Cociña durante 8 minutos. Mestura con coidado o millo e a mostaza cun pouco de allo e mestura co resto. Despeje o polo. Sazonar os cogomelos e sal. Cubra como antes e cociña durante 8-9 minutos, xirando a tixola catro veces, ata que a salsa espese e comece a burbullas. Deixar 5 minutos, despois mesturar ben e espolvorear con perexil antes de servir.

Buñuelos de polo

Portas 6

A partir dos anos 20 e 30, un renacemento da especialidade de polo, que se comía con arroz branco graxo e graxo e bolos de porco á prancha. Requírese un forno microondas grande.

1,5 kg de coxas de polo, coa pel
1 cebola, cortada en 8 rodajas
2 varas de apio grandes, cortadas en rodajas finas
1 cenoria pequena, cortada en rodajas finas
2 limóns grandes
1 folla pequena de grelo
2 cangrexos
Perexil
10 ml / 2 culleres de sal
300 ml/porción ½/1¼ cunca de auga morna
150 ml/¼ cucharadita/2/3 cunca de crema (lixeira).
40 g / 1½ oz / 3 culleradas de manteiga ou margarina
40 g / 1½ oz / 1½ colher de sopa de fariña (para todo uso).
Zume de 1 limón pequeno
Sal e pementa negra recén moída

Coloque o polo nunha fonte de forno de 30 cm de diámetro (forno holandés). Engade a cebola, o repolo e a cenoria á pota xunto coa reladura de limón, o loureiro, o apio e unha rama de perexil. Sazonar con sal e engadir auga. Cubra con papel film (plástico) para que escape o vapor e corte pola metade. Cociña durante 24 minutos, xirando a tixola tres veces. Colle o polo. Retirar a carne dos ósos e cortar en anacos pequenos. Escorrer o líquido da pota e reservar 300 ml/½ pt/1¼ cunca. Mesturar con crema de leite. Coloque a manteiga nunha cunca grande e pouco profunda. Leva 1,5 minutos abrirse completamente. Incorpórase a fariña e despois engade lentamente o caldo quente e a nata. Cociña durante 5-6 minutos, mexendo cada minuto, ata que espese e burbujee. Engade o zume de limón, mestura co polo e saborea. Cubra como antes e quenta durante 5 minutos,

Frixi de polo con viño

Portas 6

Prepárase como frixi de polo, pero usa só 150 ml de caldo e engade 150 ml de viño branco seco.

O último polo

Portas 6

Prepárase como frikes de polo. Finalmente, despois de quentar durante 5 minutos, despois de estar en pé, engade 2 xemas de ovo mesturadas con 15 ml / 1 colher de sopa adicionais. A calor da mestura cociñará a xema.

Coq au vin

Portas 6

50 g de manteiga ou margarina
1,5 kg de coxas de polo, coa pel
1 cebola grande, cortada en rodajas finas
1 cebola allo, picado
30 ml/2 culleres de sopa de fariña simple (para todo uso).
300 ml / ½ pt / 1¼ cuncas de viño tinto seco
1 cubo de caldo de tenreira
5 ml/1 porción de sal
12 cebolas ou cebolas en escabeche
60 ml / 4 culleradas de perexil picado
1,5 ml/¼ cucharadita de tomiño seco
Patacas ao forno e col de Bruxelas para servir

Poñer a manteiga ou a margarina nunha tixola de 30 cm (forno holandés). Acende o lume durante 1 minuto. Engade os anacos de polo e asegúrate de que todos estean cubertos de aceite, pero mantelos nunha capa. Cubra con papel film (plástico) para que escape o vapor e corte pola metade. Cociña durante 15 minutos, xirando a tixola tres veces. Abre o polo e espolvoreo con cebola e allo. Engádese pouco a pouco ao viño, mexendo para eliminar as partes necesarias. Triturar un cubo de kraft e engadir sal. Despeje a mestura de viño sobre o polo.

Cubrir con cebola ou cebola e espolvorear con perexil e ceboliño. Cubra como antes e coce durante 20 minutos, dándolle tres voltas á tixola. Deixar durante 6 minutos.

viño de cogomelos

Portas 6

Prepárase como Coq au Vin, pero substitúe 125 g de cogomelos por cebola ou vinagre picados.

Coca-Cola tamén está dispoñible

Portas 6

Prepara o mesmo que Coq au Vin, pero substitúe o viño por Coca-Cola para que o prato sexa máis saboroso.

Batería incorporada para rango

usas 4

15 ml / 1 cucharada de mostaza inglesa en po
10 ml/2 porcións de curry en po quente
10 ml/2 racións de pimentón
1,5 ml / ¼ cucharadita de pementa
2,5 ml/culler de sopa de sal
1 kg de patas de polo (unhas 12 pezas)
45 ml / 3 culleradas de aceite de allo

Mestura xenxibre, curry, pimentón, caiena e sal. Use para cubrir todos os lados do gancho. Coloque o óso nun prato de 25 cm/10 de profundidade, do tamaño dun molinete, chegando ao centro do óso. Fritir o allo durante 1 minuto. Lavar os bidóns con manteiga derretida. Cubra con papel film (plástico) para que escape o vapor e corte pola metade. Ás durante 16 minutos, dándolle a volta á tixola dúas veces.

Cazadores de galiñas

Portas 6

Un prato italiano que se pode traducir como "polo do cazador".

1,5 kg de anacos de polo
15 ml/1 cullerada de aceite de oliva
1 cebola grande, cortada en rodajas finas
1 cebola allo, picado
30 ml/2 culleres de sopa de fariña simple (para todo uso).
5 tomates, pelados, sen sementes e picados
150 ml/¼ pt/2/3 cunca de caldo quente
45 ml / 3 culleres de sopa de puré de tomate (pasta)
15 ml / 1 cucharada de salsa de mesa marrón
125 g de cogomelos en rodajas
10 ml / 2 culleres de sal
10 ml / 2 culleres de sopa de azucre moreno escuro
45 ml/3 culleres de sopa de Marsala ou xerez medio seco
Servir con patacas en crema agria e ensaladas de leituga

Coloque o polo nunha fonte de forno de 12 polgadas (30 cm) (forno holandés). Cubra con papel film (plástico) para que escape o vapor e corte pola metade. Cociña durante 15 minutos, dándolle a volta á tixola dúas veces. Mentres tanto, prepara a salsa simple. Botar o aceite na tixola e engadir a cebola e o allo. Fritir (salsa) ata que estea lixeiramente dourado. Mestura a fariña, despois os tomates, a sopa, o puré de patacas e a salsa marrón. Cocer a salsa ata que ferva e espese.

Mestura todos os demais ingredientes e bota sobre o polo. Cubra como antes e coce durante 20 minutos, dándolle tres voltas á tixola. Deixar durante 5 minutos. Servido con crema de patacas e mestura de ensalada.

Segue o polo

Portas 6

Prepárase como para a Cacciatore de polo, pero substitúe o viño branco seco por marsala ou xerez.

Polo Marengo

Portas 6

O xefe persoal de Napoleón Bonaparte inventouno no campo de batalla ao redor de 1800 despois da derrota austríaca na batalla de Marengo preto de Verona, no norte de Italia.

Prepárese como para Chicken Cacciatore, pero use só 50 g de cogomelos e substitúa o viño branco seco por Marsala ou Sherry. Mentres mestura todos os demais ingredientes, engade 12-16 olivas negras pequenas e 60 ml/4 culleres de sopa de perexil picado.

Polo do día

usas 4

50 g de manteiga ou margarina, branda
15 ml/1 colher de sopa de mostaza suave
5 ml/1 colher de sopa de pasta de allo (pasta)
5 ml/1 parte de puré de tomate (pasta)
90 ml / 6 culleradas de sementes de sésamo, levemente tostadas
4 pezas de polo de 225 g cada unha, coa pel

Bate a manteiga ou a margarina co allo, o allo e o puré de tomate. Engade sementes de comiño. Estender a mestura uniformemente sobre o polo. Deixar un burato no centro e colocar nun prato fondo de 25 cm de diámetro. Cociña durante 16 minutos, xirando a tixola catro veces. Deixar 5 minutos antes de servir.

o capitán

Portas 6

Un curry de polo lixeiro das Indias Orientales preparado por un capitán de mar que hai tempo viaxou aos estados do sur de América do Norte. Converteuse en algo que esperamos nos Estados Unidos.

50 g de manteiga ou margarina
2 cebolas, picadas
1 cebola, picada
1,5 kg de coxas de polo, coa pel
15 ml/1 colher de sopa de fariña simple (para todo uso).
15 ml/1 colher de sopa de curry en po suave
60 ml/4 culleres de sopa de améndoas, branqueadas, escamosas, cortadas á metade e lixeiramente tostadas
1 pemento verde pequeno (graxo), sen sementes e cortado en rodajas finas
45 ml / 3 culleres de sopa de uvas pasas douradas
10 ml / 2 culleres de sal
400 g/14 oz/1 tomate grande
5 ml/1 peza de azucre
275 g/10 oz/1¼ cuncas de arroz cocido longo

Poñer a manteiga ou a margarina nunha tixola de 30 cm (forno holandés). Quente, descuberto, a temperatura alta durante 1,5 minutos. Engadir a cebola e o apio e mesturar ben. Mestura dúas veces e cociña a lume completo durante 3 minutos. Engade as patas de polo e mestura ata que estean ben cubertas coa mestura de aceite e herbas. Engade a fariña, o curry en po, as améndoas, a pementa e o sal. Cubra con papel film (plástico) para que escape o vapor e corte pola metade. Cociña durante 8 minutos. Mestura o sal co tomate e o azucre. Elimina o polo e desbota os tomates. Cubra como antes e cociña durante 21 minutos, dándolle a volta á tixola dúas veces. Deixar repousar 5 minutos antes de servir con arroz.

Polo en salsa de tomate e alcaparras

Portas 6

6 patas de polo, 225 g/8 oz., con pel
Fariña simple (todo uso).
50 g de manteiga ou margarina
3 rebandas de touciño, picados
2 cebolas grandes, picadas
2 dentes de allo, finamente picados
15 ml/1 cullerada, corrixido
400 g/14 oz/1 tomate grande
15 ml / 1 cucharada de azucre moreno suave
5 ml/1 cucharadita de mestura de herbas secas
15 ml / 1 cucharada de puré de tomate (pasta)
15 ml / 1 cucharada de follas de albahaca picadas
15 ml / 1 cucharada de perexil picado

Espolvorear as coxas de polo con fariña. Poñer a manteiga ou a margarina nunha tixola de 30 cm (forno holandés). Acende o lume durante 2 minutos. Incorpórase o touciño, a cebola, o allo e as alcaparras. Mestura dúas veces e cociña a lume completo durante 4 minutos. Engade o polo e mestura coa mestura de manteiga ou margarina ata que estea ben cuberto. Cubra con papel film (plástico) para que escape o vapor e corte pola metade. Cociña durante 12 minutos, xirando a tixola tres veces. Mestura ben e engade o resto dos ingredientes. Cubra como antes e cociña durante 18 minutos. Deixar repousar 6 minutos antes de servir.

Pementos de polo

usas 4

Esta fantasía de polo, pronunciada pimentón, está relacionada cun dos pratos máis populares de Hungría, o goulash.

1,5 kg de anacos de polo
1 cebola grande, picada
1 pemento verde (aceite), sementado e picado
1 cebola allo, picado
30 ml / 2 culleres de sopa de aceite de millo ou manteiga derretida
45 ml/3 culleres de sopa de fariña simple (para todo uso).
15 ml/1 cucharadita de pementón
300 ml/½ cucharadita/1 ¼ cunca de caldo de polo quente
30 ml / 2 culleres de sopa de puré de tomate (pasta)
5 ml/1 porción de azucre moreno escuro
2,5 ml/½ cucharadita de sementes de comiño
5 ml/1 porción de sal
150 ml/5 oz/2/3 cuncas de crema fresca
Formas de pasta pequenas asadas

Coloque os anacos de polo nunha fonte de 12 polgadas (30 cm) para forno (forno holandés). Cubra con papel film (plástico) para que escape o vapor e corte pola metade. Cociña durante 15 minutos, dándolle a volta á tixola dúas veces. Mentres tanto, prepara a salsa simple. Poñer nunha pota (caldeira) a cebola, o pemento, o allo e o aceite e fritir con coidado ata que as verduras estean brandas pero douradas. Incorpórase a fariña e o pementón e, a continuación, engádese lentamente á sopa. Poña a ebulición mentres mexe. Mestura o resto dos ingredientes excepto a nata e a pasta. Retirar o polo e botar por riba da salsa, derramando algúns dos zumes que xa están no prato. Poñer encima unha cullerada de crème fraîche. Cubra como antes e coce durante 20 minutos, dándolle tres voltas á tixola. Servir con pasta lixeira.

Sombras de galiñas orientais

6-8 comidas

As influencias e os sabores indios e indonesios únense nesta receita de polo.

15 ml / 1 cucharada de aceite de garavanzos (chícharos).
3 cebolas medianas, picadas
2 dentes de allo, finamente picados
900 g de peituga de polo desossada, coa pel e cortada en tiras finas
15 ml / 1 cucharada de fariña de millo (almidón de millo)
60 ml / 4 culleres de sopa de aceite de cacahuete
150 ml/¼ pt./2/3 cuncas de auga
7,5 ml / 1½ cucharaditas de sal
10 ml/2 culleres de sopa de pasta de curry
2,5 ml / ½ cucharadita de cilantro (coriandro)
2,5 ml/culler de sopa de xenxibre moído
5 sementes de vaina de pataca
60 ml / 4 culleres de sopa de noces salgadas, picadas grosamente
2 tomates, cortados en rodajas

Quentar, sen tapar, unha tixola de 25 cm (forno holandés) durante 1 minuto. Engade a cebola e o allo e cociña a lume alto durante 3 minutos, mexendo dúas veces. Mestura o polo e cociña sen tapar durante 3 minutos, mexendo cada minuto para soltalo cun garfo. O trigo bótase. Traballa con todos os ingredientes menos o fiúncho e o tomate. Cubra con papel film (plástico) para que escape o vapor e corte pola metade. Cociña durante 19 minutos, xirando a tixola catro veces. Deixar durante 5 minutos. Decorar con noces e rodajas de tomate antes de servir.

Nosa Alteza

Portas 6

Especialidade holandesa-indonesia.
175 g / 6 oz / ¾ cunca de arroz de grans longos lixeiramente cocido
50 g de manteiga ou margarina
2 cebolas, picadas
2 porros, só a parte branca, cortados en rodajas moi finas
1 chile verde, sen sementes e picado (opcional)
350 g / 12 oz / 3 cuncas de polo cocido en frío, finamente picado
30 ml/2 culleres de sopa de salsa de soia
1 tortilla clásica, cortada en rodajas
1 tomate grande, cortado en rodajas

Cociña o arroz segundo as instrucións do paquete. tómao con calma Coloque a manteiga ou a margarina nunha tixola de 25 cm/10 polgadas (forno holandés). Acende o lume durante 1 minuto. Mesturar a cebola, o allo porro e o ceboliño, se se usa. Cociña a lume completo durante 4 minutos. Mestura o arroz, o polo e a salsa de soia. Cubra cun prato e cociña a lume alto durante 6-7 minutos, mexendo tres veces. Decorar cun patrón de raias de tiras de tortilla e rodajas de tomate.

Bisté de pavo

Seccións 6

1 indio do tamaño desexado (permite 350 g/12 oz de peso sen cocer por persoa)
suficiente

Envolve os extremos das ás e as patas con papel aluminio. Coloque a peituga de pavo cara abaixo nun prato o suficientemente grande como para que caia comodamente o paxaro. Non te preocupes se sobresae do bordo do corpo. Cubra con película (envoltura de plástico) e prema 4 veces. Ás durante 4 minutos a 450 g/1 lb. Retirar do forno e darlle a volta ao paxaro con coidado para que quede o peito por riba. Se o paxaro está tenro e o polo está cómodo consigo mesmo, cubra cunha masa a base de aceite. Cubra como antes e cociña durante 4 minutos máis a 450 g/1 lb. Transferir a un molde para bolo e cubrir con papel aluminio. Deixar durante 15 minutos, despois cortar.

España Turquía

usas 4

30 ml / 2 culleradas de aceite de oliva
4 pavos desossados de 175 g cada un
1 cebola, picada
12 aceitunas picadas
2 ovos duros (páxinas 98-9), pelados e picados
30 ml / 2 culleradas de perexil picado
2 tomates, cortados en rodajas finas

Quenta o aceite nunha tixola de 20 cm/8 polgadas, sen tapar, durante 1 minuto a lume alto. Engadir a tixola e botar ben o aceite para cubrir os dous lados. Mestura uniformemente a cebola, as olivas, o ovo e o pepino cunha culler de pavo. Decorar con rodajas de tomate. Cubra con papel film (plástico) para que escape o vapor e corte pola metade. Cociña durante 15 minutos, xirando a pota cinco veces. Deixar 5 minutos antes de servir.

Tacos turcos

usas 4

Para os tacos:

450 g/1 lb/4 cuncas de polo moído

1 cebola pequena, picada

2 dentes de allo, finamente picados

5 ml/1 colher de sopa de sementes de comiño, moídas como se desexe

2,5-5 ml / ½ - 1 cucharadita de pementa en po

30 ml / 2 culleradas de follas de cilantro picadas

5 ml/1 porción de sal

60 ml / 4 culleres de sopa de auga

Mercáronse 4 formigas grandes

Ensalada tirada

Para o aderezo de aguacate:

1 aguacate maduro grande

15-20 ml/3-4 culleres de sopa de salsa quente comprada na tenda

Zume de 1 lima

Sal

60 ml / 4 culleres de nata (leite).

Para facer os tacos, forra o fondo dunha tixola desmontable de 20 cm co pavo. Cubra cun prato e cociña durante 6 minutos. Rompe o gran da carne cun garfo. Mestura o resto dos ingredientes excepto a tortilla e a ensalada. Cubra con papel film (plástico) para que escape o vapor e corte pola metade. Cociña durante 8 minutos, xirando a tixola catro veces. Deixar por 4 minutos. Mestura ben. Coloca unha cantidade igual de formigas encima das formigas, engade a ensalada e envolve. Transferir a un prato e manter quente.

Para facer o aderezo de aguacate, corta o aguacate pola metade, sácao a polpa e trituralo nun puré. Mestura a salsa, o zume de lima e o sal. Transfire os tacos a catro pratos quentes, cubra coa mestura de aguacate e 1 cucharada/15 ml de crema de leite. Coma inmediatamente.

Tacos de filloas

usas 4

Fainos como tacos de pavo, pero substitúe as tortillas compradas na tenda por filloas caseiras de catro paquetes.

Pan de pavo

usas 4

450 g de pavo moído crúa (rallado).
1 cebola allo, picado
30 ml/2 culleres de sopa de fariña simple (para todo uso).
2 ovos grandes
10 ml / 2 culleres de sal
10 ml / 2 culleres de sopa de tomiño seco
5 ml/1 porción de salsa Worcestershire
20 ml / 4 culleres
Pataca ao forno
Repolo cocido
Salsa de queixo

Mestura chalotes, allo, fariña, ovos, sal, tomiño, salsa Worcestershire e noces. Coas mans molladas, formar unha torta de 15 cm de diámetro. Transferir a un prato fondo, cubrir con película (papel) e cortar dúas veces para que salga o vapor. Poña a ferver durante 9 minutos. Deixar durante 5 minutos. Cortar en cuartos e servir con patacas de repolo e repolo, salsa de queixo e xeralmente á prancha (broil).

Curry de pavo de Madras

usas 4

Unha receita saudable para o pavo de Nadal.

30 ml / 2 culleradas de aceite de millo ou xirasol
1 cebola, moi fina
1 cebola allo, picado
30 ml / 2 culleres de sopa con pasas
30 ml / 2 culleradas de coco (rallado).
25 ml/1 ½ colher de sopa de fariña (para todo uso).
20 ml/4 porcións de curry en po quente
300 ml / ½ pt / 1¼ cuncas de auga fervendo
30 ml / 2 culleres de nata (lixeira).
2,5 ml/culler de sopa de sal
Zume de medio limón
350 g/12 oz/3 cuncas de pavo cocido frío, cortado en rodajas
Para servir con pan indio, mestura de ensalada e chutney

Poñer a cebola, o allo, as pasas e os flocos de coco nunha cazola de 1,5 litros. Mestura ben. Cociña a lume completo durante 3 minutos. Mestura fariña, curry, auga, nata, sal, zume de limón e pavo. Cubra cun prato e cociña durante 6-7 minutos, mexendo dúas veces, ata que o curry espese e comece a burbullas. Deixar por 3 minutos. Mesturar e servir con pan indio, ensalada e chutney.

Curry de froitas con froita

usas 4

30 ml / 2 culleres de manteiga ou margarina
10 ml / 2 culleradas de aceite de oliva
2 cebolas, picadas
15 ml/1 colher de sopa de curry en po suave
30 ml/2 culleres de sopa de fariña simple (para todo uso).
150 ml/¼ cucharadita/2/3 cunca de crema (lixeira).
90 ml / 6 culleres de sopa de iogur grego natural
1 cebola allo, picado
30 ml / 2 culleres de sopa de puré de tomate (pasta)
5 ml / 1 cda de garam masala
5 ml/1 porción de sal
Zume de 1 lima pequena
4 mazás de sobremesa, peladas, peladas, cortadas en cuartos e cortadas en rodajas finas
30 ml / 2 culleres de calquera froita masticada
450 g/1 lb/4 cuncas de pavo cocido frío, cortado en rodajas

Poñer a manteiga ou a margarina e o aceite nunha tixola de 25 cm (forno holandés). Quente, descuberto, a temperatura alta durante 1,5 minutos. Mesturar coa cebola. Mestura dúas veces e cociña a lume completo durante 3 minutos. Mestura o curry, a fariña, a crema de leite e o iogur. Cociña a lume completo durante 2 minutos. Engade todos os ingredientes restantes. Cubra cunha tapa e cociña a lume completo durante 12-14 minutos, mexendo cada 5 minutos, ata que se quente.

Torta de pavo e manteiga

usas 4

75 g de manteiga ou margarina
60 ml / 4 culleradas de parmesano relado
2,5 ml/culler de sopa de tomiño seco
1,5 ml / ¼ cucharadita de herba normal
5 ml/1 cucharada de reladura de limón
4 rebandas grandes de pan branco ou marrón
1 cebola, picada
50 g de cogomelos en rodajas
45 ml/3 culleres de sopa de fariña simple (para todo uso).
300 ml/½ cucharadita/1 ¼ cunca de caldo de polo quente
15 ml/1 colher de sopa de zume de limón
45 ml / 3 culleres de nata (lixeira).
225 g/8 oz/2 cuncas de polo cocido en frío, desmenuzado
Sal e pementa negra recén moída

Bata a metade da manteiga ou da margarina co queixo, o tomiño, a mousse e a reladura de limón. Esténdese polo pan, despois corta cada porción en catro triángulos. Coloque o resto da manteiga ou a margarina nun prato de 20 cm de profundidade. Quente, descuberto, a temperatura alta durante 1,5 minutos. Engadir a cebola e os cogomelos. Mestura dúas veces e cociña a lume completo durante 3 minutos. Mestura a fariña, despois mestura gradualmente o caldo, o zume de limón e a nata. Proba o polo e sazona. Cubra cun prato e cociña, mexendo tres veces, ata que se quente, uns 8 minutos. Retirar do microondas. Triángulos de pan e douralos baixo unha grella quente (parrilla).

Pavo e arroz con recheo

4-5 comidas

225 g / 8 oz / 1 cunca de arroz de grans longos lixeiramente cocido
300 ml/10 fl oz/1 lata de sopa de crema de cogomelos condensada
300 ml / ½ pt / 1¼ cuncas de auga fervendo
225 g / 8 oz / 2 cuncas de millo doce (millo)
50 g/2 oz/½ cunca de noces enteiras
175 g / 6 oz / 1½ cuncas de pavo cocido, picado
50 g/2 oz frías, picadas
Coleslaw polo seu servizo

Coloque todos os ingredientes, excepto o recheo, nunha fonte de 1,75 L/3 cuartos/7½ cuncas. Mestura ben. Cubra con papel film (plástico) para que escape o vapor e corte pola metade. Ás durante 25 minutos. Cubrir cun garfo e remover para repartir o arroz. Cubrir con recheo frío. Cubra cun prato e cociña durante 2 minutos. Deixar por 4 minutos. Mesturar de novo e servir con ensalada de col.

Pavo glaseado de castañas de laranxa

Servizos 4-6

Para familias pequenas que queren unha voda cun mínimo desperdicio.

40 g / 1½ oz / 3 culleres de sopa de aceite
15 ml / 1 cucharada de ketchup de tomate (gato)
10 ml / 2 culleres de té de pementa negra
5 ml/1 pimentón
5 ml/1 porción de salsa Worcestershire
1 satsuma ou clementina finamente ralada
Un pouco de branco
1,5 ml/¼ cucharadita de canela moída
Aproximadamente 1 pavo. 1 kg / 2¼ pés

Nun bol, mestura todos os ingredientes excepto o pavo. Quenta ao forno sen cubrir durante 1 minuto. Forra un molde de 25 cm (forno holandés) coa metade do fermento en po. Cubra con papel film (plástico) para que escape o vapor e corte pola metade. Cociña durante 10 minutos. Darlle a volta ao peito e pincelar co aceite restante. Cubra como antes e cociña durante 10 minutos máis, dándolle tres voltas á tixola. Deixar repousar durante 7-10 minutos antes de cortar.

pato agridoce

usas 4

1 pato, duns 2,25 kg, lavado e secado
45 ml/3 culleres de sopa de Mango Chewy
As fabas medran
175 g/6 oz/¾ cunca de arroz integral, cocido

Coloque nunha fonte de forno de 25 cm/10 mm (forno holandés) nunha fonte abovedada. Cubra con papel film (plástico) para que escape o vapor e corte pola metade. Cociña durante 20 minutos. Despeje con coidado a graxa e a auga. Xire as costas e estende a tixela sobre o peito. Cubra como antes e cociña por outros 20 minutos. Cortar en cuartos e servir con brotes de soba e arroz.

Pato cantonés

usas 4

45 ml/3 culleres de sopa de ameixas (enlatas)
30 ml / 2 culleradas de viño de arroz chinés
10 ml/2 porcións de mostaza suave
5 ml/1 cucharadita de zume de limón
10 ml/2 culleres de sopa de salsa de soia
1 pato, duns 2,25 kg, lavado e secado

Coloque a marmelada de albaricoque, o viño de arroz, a mostaza, o zume de limón e a salsa de soia nunha cunca pequena. Quenta durante 1-1 ½ minutos, mexendo dúas veces. Coloque nunha fonte de forno de 25 cm/10 mm (forno holandés) nunha fonte abovedada. Cubra con papel film (plástico) para que escape o vapor e corte pola metade. Cociña durante 20 minutos. Despeje con coidado a graxa e a auga. Dar a volta e espallar sobre os albaricoques. Cubra como antes e coce durante 20 minutos. Dividir en catro porcións e servir.

Pato con salsa de laranxa

usas 4

Normalmente é un luxo de gama alta que se pode recalentar facilmente nunha fracción do tempo no microondas. Decora con berros e rodajas de laranxa fresca para un centro de festa.

1 pato, duns 2,25 kg, lavado e secado

Para a salsa:
Casca finamente ralada dunha laranxa grande
Zume de 2 laranxas
30 ml/2 culleres de sopa de marmelada de limón picado
15 ml / 1 cucharada de marmelada de groselha (manteña clara)
30 ml / 2 culleres de sopa de licor de laranxa
5 ml/1 salsa de soia
10 ml/2 partes de fariña de millo (fariña de millo)

Coloque nunha fonte de forno de 25 cm/10 mm (forno holandés) nunha fonte abovedada. Cubra con papel film (plástico) para que escape o vapor e corte pola metade. Cociña durante 20 minutos. Despeje con coidado a graxa e a auga. xirar Cubra como antes e coce durante 20 minutos. Cortar en catro anacos, transferir a un prato e quentar. Escorrer o aceite da auga de cocción.

Para facer a salsa, coloque todos os ingredientes, excepto os grans de millo, nunha cunca medidora. Engade os zumes preparados. Enche unha cunca de 300 ml con auga quente. Mestura a fariña de millo cunhas culleradas de auga fría nunha pasta fina. Engadir á pota e mesturar ben. Mestura tres veces e cociña a lume completo durante 4 minutos. Despeje o pato e serve inmediatamente.

Pato en francés

usas 4

1 pato, duns 2,25 kg, lavado e secado

12 coitelos

1 cebola, cortada en rodajas finas

2 dentes de allo, finamente picados

Para a salsa:

300 ml/½ pt/1¼ cunca de sidra seca

5 ml/1 porción de sal

10 ml / 2 culleres de sopa de pasta de tomate (pasta)

30 ml / 2 culleres

15 ml / 1 cucharada de fariña de millo (almidón de millo)

Tagliatelle ao forno, para servir

Coloque nunha fonte de forno de 25 cm/10 mm (forno holandés) nunha fonte abovedada. Dispoñe o ceboliño, o apio e o allo arredor do pato. Cubrir o prato con papel film (plástico) e cortar dúas veces para que salga o vapor. Cociña durante 20 minutos. Retire e coe a graxa e os zumes do caldo. xirar Cubra como antes e coce durante 20 minutos. Cortar en catro anacos, transferir a un prato e quentar. Escorrer o aceite da auga de cocción.

Para facer a salsa, coloque a sidra nun vaso medidor. Mestura o sal, o puré de tomate, a crema fresca, o zume da auga de cocción e a fariña de millo. Cociña a lume alto durante 4-5 minutos ata que espese e burbujee, mexendo cada minuto. Verter o pato e as ameixas e servir con tagliatelle.

Asar ósos e fritir anacos de carne

Coloque a pel cara abaixo nun prato grande nun estante apto para microondas. Cubra cun anaco de película (plástico). Por cada 450 g/1 lb necesitas cociñar:

- Carne de porco - 9 minutos
- Xamón - 9 minutos
- Cordeiro - 9 minutos
- Bisté - 6-8 minutos

Para unha cocción uniforme, xira a tixola cada 5 minutos e mantén as mans lonxe do lume. Repousa durante 5-6 minutos a metade do tempo de cocción. Despois da cocción, trasládase as pezas a unha táboa de cortar e cubra con papel aluminio dobre. Deixar repousar 5-8 minutos, dependendo do tamaño, antes de cortar.

Carne de porco agridoce con laranxa e limón

usas 4

4 lombos de porco en rodajas de 175 g
60 ml / 4 culleres de sopa de ketchup de tomate (gato)
15 ml/1 cullerada de salsa teriyaki
20 ml/4 porcións de vinagre de malta
5 ml/1 cucharadita de casca de limón ralada finamente
1 zume de laranxa
1 dente de allo, picado (opcional)
350 g/1½ cunca de arroz integral, cocido

Dispoñer sopas de 25 cm de diámetro / 10 cm de profundidade. Mestura todos os demais ingredientes, excepto o arroz e unha culler. Cubra con papel film (plástico) para que escape o vapor e corte pola metade. Cociña durante 12 minutos, xirando a pota catro veces. Deixar repousar 5 minutos antes de servir con arroz integral.

A carne é carne

8-10 comidas

Lugar familiar probado e versátil. Sabe moi ben servido morno, picante ou portugués ou con salsa de tomate, patacas cocidas ou macarróns con queixo e verduras variadas. Alternativamente, pódese comer frío con maionesa ou aderezo para ensalada e un rico aderezo para ensalada. Cortar en rodajas finas para bocadillos e usar con ensalada, cebola picada e tomate, ou servir con pepinillos e pan integral como aperitivo francés clásico.

125 g de pan branco claro
450 g/1 lb de tenreira magra (rallada).
450 g/1 lb/4 cuncas de polo moído (rallado).
10 ml / 2 culleres de sal
3 dentes de allo, finamente picados
4 ovos grandes
10 ml/2 culleres de sopa de salsa Worcestershire
10 ml/2 partes de salsa de soia escura
10 ml/2 culleres de sopa de mostaza preparada

Untar lixeiramente un prato de 23 cm de profundidade. Desmenuzar o pan nun procesador de alimentos. Engade todos os ingredientes restantes e pulsa ata que a mestura estea combinada. (Non levantes demasiado, xa que o pan será pesado e espeso.) Divídelo en porcións. Coloca o bebé nun frasco de marmelada (en conserva) ou nun simple bol de ovos no centro para que a mestura de carne forme un anel.

Cubra con papel film (plástico) para que escape o vapor e corte pola metade. Ás durante 18 minutos, dándolle a volta á tixola dúas veces. O pan encolle dun lado ao outro. Se serve quente, déixase durante 5 minutos.

Praza con pavo e salchicha

8-10 comidas

Prepárese como un bisté, pero substitúa a carne moída (cortada) por 450 g de carne ou salchicha de porco. Ás ata 18 minutos en lugar de 20 minutos.

Aderezar o lombo de porco

usas 4

4 lombos de porco en rodajas de 175 g
30 ml / 2 culleres de manteiga ou margarina
5 ml/1 pimentón
5 ml/1 salsa de soia
5 ml/1 porción de salsa Worcestershire

Dispoñer sopas de 25 cm de diámetro / 10 cm de profundidade. Derrete a manteiga ou a margarina na tixola durante 1,5 minutos. Mestura o resto dos ingredientes e bota as albóndegas. Cubra con papel film (plástico) para que escape o vapor e corte pola metade. Cociña durante 9 minutos, xirando a pota catro veces. Deixar por 4 minutos.

Anel hawaiano con carne de porco e ananás

Portas 6

Tenrura, tenrura e gran sabor son os que fan esta receita de carnes e froitas da illa tropical de Hawai.

15 ml / 1 cucharada de aceite de garavanzos (chícharos).
1 cebola, cortada en rodajas finas
2 dentes de allo, finamente picados
900 g de carne de porco en rodajas
15 ml / 1 cucharada de fariña de millo (almidón de millo)
400 g/14 oz/3½ cuncas de piña triturada enlatada en auga pura
45 ml/3 culleres de sopa de salsa de soia
5 ml // 1 cucharadita de xenxibre moído
A nova localización é Black Pepper

Limpe o fondo e os lados dun prato de 23 cm/9 de profundidade. Engadir a cebola e o allo e fritir a lume alto durante 3 minutos. Mestura carne de porco, millo, ananás e auga, salsa de soia e xenxibre. Sazonar en ángulo. Coloque o anel ao redor do bordo interior do bolo, deixando un pequeno oco no medio. Cubra con papel film (plástico) para que escape o vapor e corte pola metade. Cociña durante 16 minutos, xirando a tixola catro veces. Deixar 5 minutos e remover antes de servir.

Cazola hawaiana con touciño e piña

Portas 6

Fai porco tirado hawaiano e ananás rosa, pero substitúe a carne de porco por xamón magro e sen cortar.

Xamón de Nadal

10-12 comidas

Perfecto para un buffet de Nadal ou de Ano Novo, este gammon apto para microondas é húmido, suculento e ben tallado. Este é o tamaño máximo para bos resultados.

Xamón, peso máximo 2,5 kg / 5½ pés
50 g / 2 oz / 1 cunca de migas de pan de cores
Cangrexos enteiros

A xunta cócese primeiro para reducir o contido de sal. Poñer o gammon nunha pota grande, cubrir con auga fría, deixar ferver e escorrer. repetir Mide as pezas enroladas e deixa 450 g/1 lb durante un tempo total de cocción de 8 minutos. Poñer a mestura no microondas directamente na placa de vidro ou colócaa nunha tigela grande e plana. Se ten un extremo estreito tápao cun papel para evitar que se pegue demasiado. Cubra o gammon con papel de cociña e cociña a metade do tempo no forno. Microondas durante 30 minutos. Se o usas, retira o papel aluminio, dálle a volta ao bisté e cubra con papel de cociña. Poñer a ferver e deixar por outros 30 minutos. Transferir a un prato. Elimina a pel, elimina a graxa, despois corta en anacos pequenos. Xoga cada diamante cunha laranxa.

O castelo acristalado de Gammon

10-12 comidas

Xamón, peso máximo 2,5 kg / 5½ pés
50 g / 2 oz / 1 cunca de migas de pan de cores
Cangrexos enteiros
60 ml / 4 culleres de azucre demerara
10 ml / 2 culleres de mostaza en po
60 ml / 4 culleradas de manteiga derretida ou margarina
5 ml/1 porción de salsa Worcestershire
30 ml / 2 culleres de sopa de zume de uva branca
Cereza de cóctel

Prepárao como un gammon nun festín, pero lava as outras xemas con allo. Para facer a cobertura, combine azucre, mostaza, manteiga ou margarina, salsa Worcestershire e zume de uva. Poñer o gammon nun prato e cubrir coa graxa. Ás a mestura como de costume a 190 °C/375 °F/gas durante 25-30 minutos ata que o aceite estea dourado. Coloque as perlas de manteiga restantes en paus de cereixa de cóctel (palillos).

Paella con salame español

Portas 6

Prepárase como paella, pero substitúe o polo por salami finamente picado.

Albóndigas estilo suízo

usas 4

Coñecido como Kottbullar, é un dos pratos nacionais de Suecia, servido con patacas cocidas, salsa, leituga pesada e mesturado.

75 g / 3 oz / 1 ½ cuncas de migas de pan branco fresco
1 cebola, cortada en rodajas finas
225 g/8 oz/2 cuncas de carne de porco moída (rallada).
225 g/8 oz/2 cuncas de tenreira (moída).
1 ovo grande
2,5 ml/culler de sopa de sal
175 ml / 6 oz / 1 lata de leite ao vapor
2,5 ml/½ cucharadita universal
25 g/1 oz/2 culleres de sopa de margarina

Mestura ben todos os ingredientes menos a margarina. Facer 12 bolas iguais. Coloque un prato quente no microondas segundo as instrucións da páxina 14 ou no manual de instrucións que se achega coa torradeira ou o forno microondas. Engade a margarina e xira a tixola coas mans ata que o fondo estea completamente cuberto de ovo. Adultos de momento. Engadir caldo e dourar inmediatamente. Cubra con papel film (plástico) para que escape o vapor e corte pola metade. Cociña ata 9 1/2 minutos, xirando a tixola catro veces. Deixar por 3 minutos antes de servir.

Carne de porco ao forno con galletas

A carne de porco é sorprendentemente crocante debido ao longo tempo de cocción da carne.

Seleccione a porción de pernas, 175 g/6 oz por persoa. Perforar a pel cun coitelo, espolvorear lixeiramente con sal e pementa. Coloque a pel cara abaixo nun prato grande nun estante apto para microondas. Cubrir con pergamiño. Abre como un bisté e cociña durante 9 minutos a 450 g/1 lb. Para unha cocción uniforme, xira a tixola cada 5 minutos e mantén as mans lonxe do lume. Repousa durante 6 minutos a metade do tempo de cocción. Despois da cocción, trasládase as pezas a unha táboa de cortar e cubra con papel aluminio dobre. Mesturar coas verduras, a cebola e o allo e deixar 8 minutos antes de servir.

Carne de porco asada con mel

Antes de preparar a carne de porco picada, pero antes de condimentala con sal e pementa, pincela con 90 ml/6 culleres de sopa de mel mesturado con 20 ml/1 cullerada de mostaza preparada e 10 ml/2 culleradas de salsa Worcestershire.

Carne de porco con repolo vermello

usas 4

É un traballo de inverno cando enche de repolo vermello botes e latas no Nadal. Servir con puré de patacas e perexil.

450 g de repolo vermello cocido
4 tomates, pelados, sen sementes e picados

10 ml / 2 culleres de sal

4 lombos de porco en rodajas de 175 g

10 ml/2 culleres de sopa de salsa de soia

2,5 ml / cullerada de sal de allo

2,5 ml/½ cucharadita de pementón

15 ml / 1 cucharada de azucre moreno suave

Poñer o repolo nunha fonte de 20 cm (forno holandés). Mesturar os tomates con sal e poñer as albóndigas por riba. Botar a salsa de soia e espolvorear co resto dos ingredientes. Cubrir con papel film (plástico) para que quede. escapa o vapor e córtase á metade. Cociña durante 15 minutos, dándolle a volta á pota, déixase repousar 4 minutos antes de servir.

Carne de porco ao romanés

usas 4

15 ml/1 cullerada de aceite de oliva

1 cebola pequena, picada

1 cebola allo, picado

4 filetes de porco de 125 g cada un, picados ata que estean tenros

60 ml / 4 culleradas de zume de tomate

5 ml/1 colher de sopa de ourego seco

125 g de queixo mozzarella, cortado en rodajas

30 ml / 2 culleres

polenta

Bota o aceite nunha tixola de 25 cm/10 de profundidade. Quenta exactamente 1 minuto. Mesturar a cebola e o allo. Mestura dúas veces e cociña a lume completo durante 4 minutos. Engade o porco á tixola nunha soa capa. Cociña a lume completo durante 2 minutos. Cocer de novo durante 2 minutos e cociñar. Mesturar co zume de tomate e o ourego, cubrir con rodajas de mozzarella, despois espolvorear con alcaparras. Cubra con papel film (plástico) para que escape o vapor e corte pola metade. Cociña durante 2-3 minutos ou ata que o queixo estea ben derretido. Deixe as cebolas repousar durante 1 minuto antes de servir.

Un prato de porco e verduras

6-8 comidas

15 ml / 1 cucharada de aceite de xirasol ou millo

1 cebola, ralada

2 dentes de allo, finamente picados
675 g de carne de porco cortada en láminas de 1,5 cm de grosor
30 ml/2 culleres de sopa de fariña simple (para todo uso).
5 ml/1 cucharadita de mejorana seca
5 ml/1 casca de laranxa finamente ralada
200 g / 7 oz / 1¾ cuncas de mestura de garavanzos e cenoria enlatados ou descongelados
200 g / 7 oz / 1½ cuncas de millo doce (millo)
300 ml/½ pt/1¼ cunca de viño rosado
150 ml/¼ pt./2/3 cunca de auga morna
5 ml/1 porción de sal

Despeje o aceite nunha pota de 2 litros / 3 ½ cuartos / 8 ½ cuncas (forno holandés). Acende o lume durante 1 minuto. Mesturar a cebola e o allo. Mestura dúas veces e cociña a lume completo durante 4 minutos. Engadir a carne de porco. Cubra a tixola cun prato e cociña un total de 4 minutos. Mesturar a fariña, asegurándose de que os anacos de carne estean ben cubertos. Engade todos os ingredientes excepto o sal. Cubra con papel film (plástico) para que escape o vapor e corte pola metade. Cociña durante 17 minutos, xirando a tixola catro veces. Deixar repousar 5 minutos antes de engadir sal e servir.

Porco chile

usas 4

4 costelas de porco de 225 g cada unha, magras
10 ml/2 porcións de chile ou condimento cajún

5 ml/1 parte de allo en po
400 g/14 oz/1 lata grande de xudías vermellas
400 g/14 oz/1 tomate grande
30 ml / 2 culleradas de cilantro recén picado
2,5 ml/culler de sopa de sal

Coloque os cortes de 30 cm de diámetro / 12 cm de profundidade. Espolvoreo con especias doces e allo en po. Cubra con papel film (plástico) para que escape o vapor e corte pola metade. Cociña durante un total de 8 minutos, xirando a táboa dúas veces. Abrir e untar as fabas e os tomates co seu zume. Espolvoreo coentro e sal. Cubra como antes e cociña durante 15 minutos, dándolle a volta 3 veces. Deixar 5 minutos antes de servir.

Carne de porco con chutney e mandarina

usas 4

4 costelas de porco de 225 g cada unha, magras
350 g/12 oz/1 caixa grande de mandarinas en viño lixeiro

5 ml/1 pimentón

20 ml/4 racións de salsa de soia

45 ml/3 culleres de sopa de polpa de froita, axustar se é necesario

2 dentes de allo, finamente picados

Arroz

Coloque os cortes de 30 cm de diámetro / 12 cm de profundidade. Escorrer as mandarinas e cortar a froita en cuartos, reservando 30 ml/2 culleres de sopa de xarope. Espolvoreo o arroz co xarope escurrido co resto dos ingredientes e poñer unha cullerada de mandarina. Cubra con papel film (plástico) para que escape o vapor e corte pola metade. Cociña durante 20 minutos, xirando a pota catro veces. Deixar 5 minutos, despois servir con arroz.

Costelas á grella.

usas 4

1 kg de porco ou costela

50 g de manteiga ou margarina

15 ml / 1 cucharada de ketchup de tomate (gato)
10 ml/2 culleres de sopa de salsa de soia
5 ml/1 pimentón
1 cebola allo, picado
5 ml/1 cucharadita de salsa de chile picante

Lavar e secar a carne de porco e cortar en costelas individuais. Coloque no microondas no lado estreito máis grande, co lado máis estreito de cada costela cara ao centro. Cubra con papel film (plástico) para que escape o vapor e corte pola metade. Cociña durante 10 minutos, xirando a tixola tres veces. Para separar, mestura os ingredientes restantes nunha tigela e mestura na tixola a lume lento durante 2 minutos. Abre as tapas e bota con coidado o aceite. Pincel coa metade do aceite. Cociña a lume completo durante 3 minutos. Untar coa lingua e untar coas bolas restantes. Cociña a lume completo durante 2 minutos. Deixar por 3 minutos antes de servir.

Chicoria envolta en xamón en salsa de queixo

usas 4

No seu país de orixe, Bélxica, chámase chicorées au der. Herbas brancas prateadas en xamóns e cubertas cunha sinxela salsa de queixo son unha obra mestra culinaria.

Unhas 8 cabezas (escarola belga). Total 1 kg / 2¼ pés
150 ml/¼ pt./2/3 cuncas de auga fervendo
15 ml/1 colher de sopa de zume de limón
8 pezas grandes de xamón
600 ml / 1 peza / 2½ cuncas de leite
50 g de manteiga ou margarina
45 ml/3 culleres de sopa de fariña simple (para todo uso).
175 g/6 oz/1½ cuncas de queixo Edam, relado
Sal e pementa recén moída
Para servir patacas fritidas (patacas fritas).

Recorta a achicoria, elimina as follas externas magulladas ou danadas e córtaa cada unha nunha forma de cono perfecto para evitar un sabor amargo. Coloque os extremos coma os extremos dun círculo nun prato fondo cun diámetro de 30 cm. Engade auga e zume de limón. Cubra con papel film (plástico) para que escape o vapor e corte pola metade. Ás durante 14 minutos, dándolle a volta á tixola dúas veces. Deixar actuar durante 5 minutos, despois enxágüe ben. Lavar e secar o prato. Cando a achicoria estea quentada, cubra cada unha cunha toalla e volva ao prato. Poñer o leite nunha pota e quenta sen tapar durante 3 minutos. Coloca o allo ou a margarina nunha pota de 1,2 L/2 porcións/5 cuncas e derrete por completo durante 1 minuto. Despeje a fariña, despois lentamente o leite. Cociña durante 5-6 minutos, mexendo cada minuto para asegurar a consistencia, ata que a salsa espese e espese. Mesturar con queixo e especias. Verter uniformemente sobre a chicoria e o xamón. Cubrir cun prato e quentar un máximo de 3 minutos. Deixar por 3 minutos. Marrón, adoita servirse quente á prancha (broiler) e con patacas fritas se o desexa.

Costelas de porco nunha salsa de churrasco de laranxa pegajosa

usas 4

1 kg de porco ou costela
30 ml / 2 culleres de sopa de zume de limón
30 ml/2 culleres de sopa de salsa de soia

5 ml/1 cucharadita de wasabi xaponés en po
15 ml/1 colher de sopa de salsa Worcestershire
300 ml / ½ pt / 1¼ cunca de zume de laranxa fresco
30 ml / 2 culleres de sopa de marmelada de laranxa escura
10 ml/2 culleres de sopa de mostaza preparada
1 cebola allo, picado
Comida chinesa lista para servir
Unhas rodajas de laranxa para decorar

Coloque as costelas nunha cunca grande e profunda. Cubra con papel film (plástico) para que escape o vapor e corte pola metade. Fritir durante 7 minutos, xirando a tixola dúas veces. Abrir con coidado e escorrer o aceite. Mestura o resto dos ingredientes agás o prato e bota sobre as costelas. Cubrir lixeiramente con papel de cociña e enfornar durante 20 minutos, xirando catro veces a tixola e regando cada vez coa salsa. Coma só con fideos chineses cocidos e rodajas de laranxa.

Pudim de bisté e cogomelos

usas 4

Este antigo tesouro inglés funciona como un soño no microondas, e tamén funciona ben a codia de empanada (repostería). O truco é utilizar carne precociñada, como o guiso caseiro ou as conservas de carne, xa que as carnes crúas xúntanse cando se cociñan en líquido no microondas.

No bolo:

175 g/6 oz/1 ½ cuncas de fariña autolevantada
2,5 ml/culler de sopa de sal
50 g / 2 oz / ½ cunca de carne picada ou sebo vexetariano
90 ml/6 culleres de sopa de auga fría

Encher:

450 g/1 lb de carne asada con salsa
125 g de cogomelos

Para facer a masa, mestura a fariña e o sal nunha cunca. Usando un garfo, mestura auga suficiente para facer unha masa homoxénea pero non líquida. Amasar suavemente ata que quede suave, despois estirar nun círculo de 30 cm. Cortar en cuartos e manter cuberto. Untamos ben e forramos unha tixola de 900 ml / 1½ pt / 3¾ cunca, comezando dende o fondo e os lados da tixola ata o bordo superior, facendo dobras coa punta dos dedos. Selle as xuntas cos dedos mollados.

Para preparar o recheo, quenta o rosbif e os cogomelos no microondas ou a lume medio. tómao con calma Despeje na fonte de cocción. Rodar a masa combinada para formar a tapa, humedecer o bordo e selar antes de inserir a masa. Cubra con papel film (plástico) para que escape o vapor e corte pola metade. Ás durante 7 minutos ata que a masa leve ben. Deixar por 3 minutos, despois transferir aos pratos.

Bisté e leite de ril

usas 4

Fai pudim de bisté e cogomelos, pero usa 450 g/1 lb de guiso e mestura de riles.

Bife e pudim de castañas

usas 4

Facer pudim de bisté e cogomelos, pero substitúe os cogomelos por castañas enteiras.

Asar as noces e sal a sopa

usas 4

Fai o pudim de bisté e cogomelos, pero substitúe os cogomelos por 4 noces salgadas e 8 albaricoques.

"Pastel de carne" sudamericano.

usas 4

2 cebolas, finamente picadas ou picadas
275 g de cabaza sen pelar, azul ou verde, picada
1 tomate grande, mesturado, pelado e picado
450 g/1 lb/4 cuncas de carne moída
5-10 ml / 1-2 culleres de té de sal
arroz brasileiro

Coloca as verduras e os bistés nun forno holandés de 20 cm de diámetro. Cubra con papel film (plástico) para que escape o vapor e corte pola metade. Cociña durante 10 minutos, xirando a tixola tres veces. Tapar e fregar ben para romper a carne. Cubrir cun prato, remover unha vez e cociñar a lume completo durante 5 minutos. Deixar 3 minutos e sazonar con sal. A carne terá unha gran textura na salsa crúa. Servir con arroz brasileiro.

"Pastel de carne" brasileiro con ovos e olivas

usas 4

Prepare carne de vaca sudamericana, pero omita a cabaciña, as verduras ou os arándanos. Engade 60 ml/4 culleres de sopa á mestura de carne. Reduce o tempo inicial da comida a 7 minutos. Cando estea listo, mestura 3 ovos duros e 12 olivas verdes.

Bocadillo de Rubén

Servizos 2

Como calquera estadounidense pode dar fe, o Open Reuben Sandwich é un matrimonio deli de Nova York con California.

2 rebandas grandes de pan marrón ou de centeo
maionesa
175 g/6 oz de carne moída, pastrami ou espinaca, cortada en rodajas finas
175 g/6 oz de espinaca de auga
4 lonxas finas de queixo Gruyère (suízo) ou Emmental

Estender a maionesa sobre o pan e colocar as rebanadas nun prato grande. Quenta ao descuberto durante 1,5 minutos. Preme suavemente cunha espátula para cubrir uniformemente cada bisté e allo. Cubrir con queixo. Ás durante 1,5 minutos ata que o queixo estea completamente derretido. Coma inmediatamente.

Chow Mein de carne

usas 4

Prepárao como Chicken Chow Mein, pero en vez de carne con polo.

Carne de Sue

usas 4

Prepare o mesmo que Chicken Chop Suey, pero substitúa o polo por carne de vaca.

Goza da berenxena e da carne

Portas 6

Esta especialidade de Louisiana é moi venerada e amada polos veciños.

4 doces (porción)
10 ml / 2 culleres de sal
45 ml/3 culleres de sopa de auga fervendo
1 cebola, finamente picada
450 g/1 lb/4 cuncas de tenreira (moída).

75 g / 3 oz / 1 ½ cuncas de migas de pan branco fresco
1,5-2,5 ml / ¼ - ½ cucharadita de salsa de chile
Sal e pementa recén moída
25 g / 1 oz / 2 culleres de sopa de aceite
250 g/8 oz/2¼ cuncas de arroz americano de grans longos, cocido

Despeje o rabo, lave e corte a carne en cubos. Poñer nunha cunca ou cunca grande e mesturar con sal e auga fervendo. Cubra con papel film (plástico) para que escape o vapor e corte pola metade. Cociña durante 14 minutos. Deixar por 2 minutos. Escorrer ben, despois colocar nunha batidora ou procesador de alimentos e mesturar ata que estea mesturado. Unta ben a tixola. Mestura o puré de berinjela, a cebola, a carne, a metade do pan relado, a salsa de pementa e o sal e a pementa negra recén moída ao gusto. O aceite quéntase na caldeira. Espolvoreo co resto de pan relado, despois co ghee. Cociña a lume completo durante 10 minutos. Se o desexa, grella baixo unha grella quente (grill) antes de servir como guarnición. Servir con arroz.

Paté de curry

Portas 8

675 g/1½ lb/6 cuncas de carne magra (moída).
50 g/2 oz/1 cunca de pan relado fresco
1 cebola allo, picado
1 ovo grande
300 ml/10 fl oz/1 sopa de tomate condensada
6 tomates
10 ml/2 culleres de sopa de salsa de soia
15-30 ml / 1-2 culleres de sopa de curry en po suave
15 ml / 1 cucharada de puré de tomate (pasta)
1 cubo de caldo de tenreira
75 ml/5 culleres de sopa de Mango Chew

Servir con arroz cocido ou puré de patacas

Mestura a carne, o pan relado, o allo e o ovo. Estirar 16 bolas e colocalas no bordo dun prato de 25 cm de diámetro. Mestura o resto dos ingredientes e bota sobre as bolas. Cubra con papel film (plástico) para que escape o vapor e corte pola metade. Ás durante 18 minutos, xirando a tixola catro veces. Deixar durante 5 minutos. Abrir e pintar as sopas coa salsa. Deixar descuberto e quentar durante 1,5 minutos máis. Servir con arroz ao vapor ou puré de patacas.

Albóndigas italianas

usas 4

15 ml / 2 culleradas de aceite de oliva
1 cebola, ralada
2 dentes de allo, finamente picados
450 g/1 lb/4 cuncas de tenreira (moída).
75 ml / 5 culleres de sopa de pan relado branco fresco
1 ovo, batido
10 ml / 2 culleres de sal
400 g / 1¾ cunca de passata (tomate escurrido)
10 ml / 2 culleres de sopa de azucre moreno escuro
5 ml/1 albahaca seca ou ourego

Despeje o aceite nun prato de 20 cm / 8 polgadas de profundidade. Engadir cebola e allo. Cociña a lume completo durante 4 minutos. Mestura a carne co pan relado, o ovo e a metade do sal. Facer 12 bolas pequenas. Engade á pota e cociña a lume alto durante 5 minutos, dándolle voltas ás boliñas a metade do tempo de cocción. Mestura a pasta, o azucre, o ourego e o resto do sal. Despeje as sopas. Cubra con papel film (plástico) para que escape o vapor e corte pola metade. Cociña durante 10 minutos, xirando a tixola tres veces. Deixar por 3 minutos antes de servir.

Boliñas rápidas con pementos

Servizos 4-6

É bo con patacas cocidas simples ou patacas fritas (patacas fritas) se estás realmente atrapado!

450 g/1 lb/4 cuncas de tenreira (moída).
50 g/2 oz/1 cunca de pan relado fresco
1 cebola allo, picado
1 ovo grande
300 ml / ½ pc / 1¼ cunca de passata (tomate escurrido)
300 ml / ½ pt / 1¼ cuncas de auga fervendo
30 ml / 2 culleres de sopa de pementos vermellos e verdes secos (aceite).
10 ml/2 racións de pimentón
5 ml / 1 sementes de comiño (opcional)
10 ml / 2 culleres de sopa de azucre moreno escuro
5 ml/1 porción de sal

150 ml/5 oz/2/3 cuncas de crema espesa (leite).

Mestura a carne, o pan relado, o allo e o ovo. Facer 12 bolas. Forra un prato fondo de 20 cm de diámetro / 8 cm Mestura a pasta coa auga. Engade grans de pementa, pimentón, sementes de comiño e azucre se o usas. Poñer as sopas. Cubra con papel film (plástico) para que escape o vapor e corte pola metade. Cociña durante 15 minutos, xirando a tixola tres veces. Deixar 5 minutos, sazonar con sal e nata. Quenta durante 2 minutos.

Bisté con herbas

Portas 8

900 g/2 lb/8 cuncas de carne moída (rallada).
2 ovos grandes
1 cubo de caldo de tenreira
1 cebola pequena, finamente picada
60 ml/4 culleres de sopa de fariña simple (para todo uso).
45 ml / 3 culleres de sopa de ketchup de tomate (gato)
10 ml/2 porcións de mestura de herbas secas
10 ml/2 culleres de sopa de salsa de soia
Decorar con pan relado e rodajas de casca de laranxa

Mestura ben todos os ingredientes menos a salsa de soia. Estender a manteiga nunha tixola rectangular de 1¼ cuarto / 2 cuartos / 5 cuncas. Pincelar a parte superior con salsa de soia. Cubra con papel film (plástico) para que escape o vapor e corte pola metade. Poña a ebulición durante 10 minutos e, a continuación, o microondas durante 5 minutos. Xire a pota catro veces e desconxela durante outros 12 minutos. Deixar durante 5 minutos, despois colar e escorrer con coidado o exceso de graxa e zumes, que se poden utilizar para aderezos e salsas. Deixar arrefriar, despois pasar con coidado a un prato e decorar con pan relado e rodajas de laranxa. sérvese en rodajas.

Bistec de garavanzo ao estilo malayo con coco

usas 4

2 cebolas, cortadas en rodajas finas
1 cebola allo, picado
450 g / 1 l / 4 cuncas de carne moída
125 g/1/2 cunca de manteiga de cacahuete prensada
45 ml/3 culleres de sopa de coco desecado (rallado).
2,5 ml/culler de sopa de salsa de chile
15 ml / 1 cucharada de salsa de soia
2,5 ml/culler de sopa de sal
300 ml / ½ pt / 1¼ cuncas de auga fervendo
175 g/1½ cuncas de arroz cocido
condimento de sal (opcional)

Coloque a cebola, o allo e a carne nunha cazola de 1,5 cuartos / 2½ cuartos / 6 cuncas (forno holandés). Mesturar ben cun garfo, asegurándose de que o bisté estea ben ralado. Cubra con papel film (plástico) para que escape o vapor e corte pola metade. Cociña durante un total de 8 minutos, xirando a táboa dúas veces. Abrir e mesturar todos os ingredientes menos o arroz. Cubra como antes e cociña durante 8 minutos máis, dándolle tres voltas á tixola. Deixar por 3 minutos. Destapar, mesturar e servir con arroz cocido e encurtidos orientais, se o desexa.

Bisté rápido e rolos de maionesa

Portas 6

Un gran prato principal para a cea, máis luxoso do que esperarías dunha comida tan rápida.

750 g/1½ lb/6 cuncas de carne magra (moída).
15 ml / 1 cucharada de pementos vermellos e verdes secos (aceite).
15 ml / 1 cucharada de perexil finamente picado
7,5 ml / 1½ cucharadita de cebola en po
30 ml/2 culleres de sopa de fariña simple (para todo uso).
60 ml / 4 culleres de sopa de maionesa espesa
7,5 ml/1 ½ cucharadita de mostaza en po
5 ml/1 salsa de soia

Engraxa un 20 cm/8 polgadas. Combina a carne cos outros ingredientes e colócaa con coidado nun prato. Cubra con papel film (plástico) para que escape o vapor e corte pola metade. Cociña durante

12 minutos, xirando a pota catro veces. Deixar 5 minutos, despois retirar o pan da cunca con dúas espátulas e deixar o aceite. Transferir a un prato de servir e cortar en seis cubos de porción.

Bisté guisado ao viño tinto

usas 4

Lixeira e deliciosa, sobre todo a pasta clásica con queixo ou patacas doces e quizais corazóns de alcachofa recheos quentados nun pouco de aceite.

30 ml / 2 culleres de manteiga ou margarina
2 cebolas grandes, raladas
1 cebola allo, picado
125 g de cogomelos, cortados en rodajas finas
450 g de carne de tenreira cortada en anacos pequenos (arriba)
15 ml / 1 cucharada de puré de tomate (pasta)
15 ml / 1 cucharada de perexil picado
15 ml / 1 cucharada de fariña de millo (almidón de millo)
5 ml / 1 colher de sopa se é moi picante
300 ml / ½ pt / 1¼ cuncas de viño tinto seco
5 ml/1 porción de sal

Poñer a manteiga ou a margarina nun forno de 20 cm de diámetro (forno holandés). Destape mentres se derrite durante 1-1 ½ minutos. Mesturar a cebola, o allo e os cogomelos. Cociña a lume completo durante 5 minutos. Mestura o bisté, e move a mestura ao bordo da tixola, deixando un espazo no medio. Cubra cun prato e cociña durante 5 minutos. Mentres tanto, mestura o puré de tomate, o perexil, o millo e a mostaza. Incorporar coidadosamente o viño tinto e mesturar co resto. Dobre suavemente na mestura de carne. Cubra cunha tapa e cociña a lume completo durante 5 minutos, mexendo dúas veces. Deixar por 3 minutos. Sazonar con sal e servir.

auga plana

6-8 comidas

750 g doce (berinxela)
1 zume de limón
20 ml / 4 culleradas de aceite de oliva
1-2 dentes de allo, picados
250 ml/8 onzas líquidas/1 cunca de frais frais ou quark
15 ml / 1 cullerada de pan relado picado
1,5 ml / ¼ cucharadita de azucre de cana (fino).
7,5-10 ml / 1½ - 2 culleres de té de sal

Botar o ovo por riba e cortar pola metade lonxitudinalmente. Poñer nun prato grande e cubrir con papel de cociña. Cociña durante 8-9 minutos ou ata que estea tenra. Triturar a carne directamente no procesador de alimentos e engadir o resto dos ingredientes. Procesar ata que estea suave e cremoso. Cubra, cubra e arrefríe un pouco antes de servir.

É marinado nunha mestura de verduras, tomates e herbas

6-8 comidas

750 g doce (berinxela)
5 ml / 1 cullerada de pan relado picado
75 ml/3 racións de follas de cilantro picadas
5 ml/1 parte de perexil picado
3 tomates, pelados, sen sementes, cortados en rodajas finas

Botar o ovo por riba e cortar pola metade lonxitudinalmente. Poñer nun prato grande e cubrir con papel de cociña. Cociña durante 8-9 minutos ou ata que estea tenra. Coloca a carne directamente no procesador de alimentos e engade o resto dos ingredientes agás os tomates. Procesar ata que estea suave e cremoso. Mestura os tomates, despois pásao a un prato e deixa arrefriar un pouco antes de servir.

Salsa Tahini de Berenjenas de Oriente Medio

6-8 comidas

750 g doce (berinxela)
45 ml / 3 culleres de sopa de tahini (pasta de pepino)
Zume de 1 limón pequeno
1 dente de allo, cortado en rodajas finas
25 ml/1 ½ colher de sopa de aceite de oliva
1 cebola pequena, cortada en rodajas
60 ml / 4 culleradas de follas de cilantro picadas
5 ml/1 parte de azucre de cana (moi fino).
5-10 ml / 1-2 culleres de té de sal

Botar o ovo por riba e cortar pola metade lonxitudinalmente. Poñer nun prato grande e cubrir con papel de cociña. Cociña durante 8-9 minutos ou ata que estea tenra. Retire a pel da carne directamente no procesador de alimentos. Engade o resto dos ingredientes e sal a gusto. Procesar ata que estea suave e cremoso. Poñer nun prato e servir a temperatura ambiente.

Améndoa turca

6-8 comidas

750 g doce (berinxela)
30 ml / 2 culleradas de aceite de oliva
Zume de 1 limón grande
2,5-5 ml / ½ - 1 cucharadita de sal
2,5 ml / ½ cucharadita de azucre de cana (fino).
Decorar con olivas negras, tiras de pemento vermello (aceite) e rodajas de tomate

Botar o ovo por riba e cortar pola metade lonxitudinalmente. Poñer nun prato grande e cubrir con papel de cociña. Cociña durante 8-9 minutos ou ata que estea tenra. Triturar a carne directamente no procesador de alimentos e engadir o resto dos ingredientes. Fai unha mingau de semifibra suave. Poñer nun prato e decorar con olivas, pemento vermello e rodajas de tomate.

inmersión en grego

6-8 comidas

750 g doce (berinxela)
1 cebola pequena, finamente picada
2 dentes de allo, cortados en rodajas finas
5 ml/1 parte de vinagre de malta
5 ml/1 cucharadita de zume de limón
150 ml/¼ pt/2/3 cunca de aceite de oliva claro
2 tomates grandes, sen sementes, sin hueso e picados grosamente
Decorar con perexil, pemento verde ou vermello (aceite) e pequenos aneis de olivas negras

Botar o ovo por riba e cortar pola metade lonxitudinalmente. Poñer nun prato grande e cubrir con papel de cociña. Cociña durante 8-9 minutos ou ata que estea tenra. Nun procesador de alimentos, quítalle a pel da carne e engade a cebola, o allo, o vinagre, o zume de limón e o aceite. Recicla ben. Poñer nun bol grande e mesturar cos tomates. Poñer nun prato e decorar con perexil, aros de pemento e olivas.

Pantano de Cau

Servizos 4-6

Moi elegante e único, o baño italiano de Ansi debe manterse quente na cociña de alcohol do comedor. As boliñas adoitan ser vexetais crus ou cocidos. Use só aceite de oliva virxe extra dourado claro xa que é suave e delicado ou o sabor pode ser demasiado forte.

30 ml / 2 culleradas de aceite de oliva
25 g/1 oz/2 culleres de sopa de manteiga sen sal (doce).
1 cebola allo, picado
50 g / 2 oz / 1 cunca pequena en rodajas de anchoa
60 ml / 4 culleradas de perexil finamente picado
15 ml / 1 cucharada de follas de albahaca finamente picadas

Poñer o aceite, a manteiga e o allo nunha fonte apta para o forno. Engade o aceite da pota xunto co anís estrelado, o perexil e a albahaca. Cortar as anchoas en rodajas finas e engadir á tixola. Cubra parcialmente a tixola cun prato e cociña na tixola durante 3-4 minutos ata que a salsa estea quente. Acende a cociña quente e manteña quente mentres comes.

adeus

usas 4

Unha receita de Luisiana, de volta comigo desta parte vaporosa de América do Norte.

2 doces (berinxela) en total 550 g / 1 ¼ lb
1 cebola, cortada en rodajas finas
1 cebola grande, cortada en rodajas finas
½ pemento verde (aceite), sen sementes e cortado en rodajas finas
30 ml / 2 culleradas de aceite de xirasol ou millo
3 tomates, pelados e cortados en rodajas
75 g / 3 oz / 1 ½ cuncas de migas de pan branco fresco
Sal e pementa negra recén moída
50 g de queixo cheddar relado

Usando un coitelo afiado, perfora a pel ao redor de cada cutícula. Poñer nun prato, cubrir con papel de cociña e cociñar 6 veces en total, dándolle a volta unha vez. Debe ser suave, pero se non, continúa a cociñar durante 1-2 minutos. Cortar cada un á metade lonxitudinalmente, despois colocar a carne nunha batidora ou procesador de alimentos e botar a pel. O proceso do puré. Coloque o apio, a cebola, os pementos verdes e o aceite nun forno de 2 cuartos (forno holandés), cubra cunha tapa e cociña a lume completo durante 3 minutos. Engadir o puré de patacas, os tomates, o pan relado, sal e pementa e cociñar outros 3 minutos. Cubra, espolvoree con queixo e cociña sen tapar durante 2 minutos. Deixar repousar 2 minutos antes de servir.

Cogomelos Salgados Cóctel

Portas 8

60 ml / 4 culleres de sopa de vinagre de viño tinto
60 ml / 4 culleradas de aceite de xirasol ou millo
1 cebola, moi fina
5 ml/1 porción de sal
15 ml / 1 cucharada de follas de cilantro picadas
5 ml/1 porción de mostaza
15 ml / 1 cucharada de azucre moreno brando
5 ml/1 porción de salsa Worcestershire
pementa de caiena
350 g/12 onzas de cogomelos

Vinagre, aceite, cebola, sal, cilantro, mostaza, azucre e salsa Worcestershire nun forno de 2 litros (forno holandés). Cubra cun prato e cociña a lume alto durante 6 minutos. Mesturar os cogomelos. Despois de arrefriar, cubra e refrigere durante unhas 12 horas. Escorrer e remollar en auga con crema de leite.

Berenjenas ao forno recheas de ovo e piñóns

Servizos 2

2 doces (berinxela) en total 550 g / 1¼ lb

10 ml/2 culleres de sopa de zume de limón

75 g / 3 oz / 1½ cuncas de pan relado fresco branco ou marrón

45 ml / 3 culleradas de piñeiros tostados

7,5 ml / 1½ cucharaditas de sal

1 cebola allo, picado

3 ovos duros, picados

60 ml / 4 culleres de leite

5 ml/1 cucharadita de mestura de herbas secas

20 ml / 4 culleradas de aceite de oliva

Usando un coitelo afiado, perfora a pel ao redor de cada cutícula. Poñer nun prato, cubrir con papel de cociña e cociñar 6 veces en total, dándolle a volta unha vez. Debe ser suave, pero se non, continúa a cociñar durante 1-2 minutos. Cortar cada lado do cordeiro pola metade, despois colocar a carne nunha batidora ou procesador de alimentos, deixando a pel intacta. Engade o zume de limón e mestura ata que quede suave. Poñer nun bol e mesturar todos os ingredientes agás o aceite. Coloca os cogomelos na pel e coloca os extremos estreitos cara ao centro do prato. Botar aceite por riba, cubrir con papel de cociña e quentar durante 4 minutos. Coma quente ou frío.

Cogomelo grego

usas 4

1 xogo de sobres
1 cebola allo, picado
2 follas de rolo
60 ml / 4 culleres de sopa de auga
30 ml / 2 culleres de sopa de zume de limón
15 ml / 1 cucharada de vinagre de viño
15 ml/1 cullerada de aceite de oliva
5 ml/1 porción de sal
450 g de cogomelos
30 ml / 2 culleradas de perexil picado

Coloque todos os ingredientes, excepto os cogomelos e o perexil nunha tigela grande. Cubra cun prato e quenta durante 4 minutos. Engadir os cogomelos, cubrir como antes e cociñar outros 3,5 minutos. Arrefriar durante unhas horas, tapar e refrixerar. Retirar o aderezo e colocar os cogomelos en catro pratos, espolvorear cada un con perexil e servir.

Vinagreta de alcachofa

usas 4

450 g de alcachofa de Xerusalén
Vinagreta caseira ou comprada na tenda
10 ml/2 culleres de sopa de perexil picado
5 ml/1 colher de sopa de estragón picado

Poñer nun bol as alcachofas e un pouco de auga e cubrir cun prato. Cociña durante 10 minutos, xirando a tixola dúas veces. Secar ben e cortar en rodajas grosas. Despeje a vinagreta. Repartir en catro pratos e espolvorear con perexil e estragón.

Ensalada César

usas 4

Creada por Cesare Cardini na década de 1920, esta ensalada clásica presenta peixes raros. É unha merenda moi sinxela, pero clásicamente deliciosa.

1 cesta de leituga (romana), arrefriada
1 cebola allo, picado
60 ml / 4 culleradas de aceite de oliva virxe extra
Sal e pementa negra recén moída
2 ovos grandes
5 ml/1 porción de salsa Worcestershire
Zume de 2 limóns, colar
90 ml / 6 culleradas de queixo parmesano recén relado
50 g/2 oz/1 cunca de dentes de allo

Cortar a ensalada en anacos de 2/5 cm e colocar nunha ensaladeira co allo, o aceite e as especias ao gusto. Desbotar con coidado. Para preparar os ovos, forra un prato con papel film (papel) e rompe os ovos. Cocer no conxelador durante un minuto e medio. Engadir á ensalada con todos os demais ingredientes e mesturar ata que estean ben combinados. Poñer nun prato e servir inmediatamente.

Chicoria holandesa con ovo e manteiga

usas 4

8 cabezas (escarola belga)
30 ml / 2 culleres de sopa de zume de limón
75 ml / 5 culleres de sopa de auga fervendo
5 ml/1 porción de sal
75 g de manteiga a temperatura ambiente e moi branda
4 ovos duros, picados

Cortar a achicoria e cada peza nun cono perfecto para evitar o sabor amargo. Poñer a chicoria nunha soa capa nun prato de 20 cm, engadir o zume de limón e auga. Bota o sal. Cubra con papel film (plástico) para que escape o vapor e corte pola metade. Cociña durante 15 minutos. Deixar por 3 minutos e despois secar. Mentres se cociña a chicoria, bate o aceite ata que estea lixeiro e cremoso. Mestura os ovos. Coloca a chicoria en catro pratos quentes e bótalle a mestura de ovos. Coma inmediatamente.

Maionesa con ovos

Capítulo 1

Un dos típicos aperitivos franceses, a maionesa de ovo pode variar dependendo do aperitivo e do gusto.

Follas de leituga ralladas
1-2 ovos duros, cortados á metade
Use maionesa ou maionesa comprada na tenda
4 chícharos enlatados en aceite
1 tomate, cortado en rodajas

Poñer a ensalada nun prato. Cepille o ovo, corte cara abaixo. Untar ben con maionesa e condimentar con anchoas e rodajas de tomate.

Ovos con maionesa Skordalia

usas 4

Unha versión simplificada dunha complexa salsa de allo e maionesa con pan relado que complementa todo o sabor e a textura dos ovos.

150 ml/¼ parte/2/3 cunca de maionesa
1 cebola allo, picado
10 ml / 2 culleres de sopa de pan relado branco fresco
15 ml/1 cullerada de sopa de améndoas moídas
10 ml/2 culleres de sopa de zume de limón
10 ml/2 culleres de sopa de perexil picado
Follas de leituga ralladas
2 ou 4 ovos cocidos (duros), divididos en dúas partes
1 cebola vermella, cortada en rodajas finas
Pequenas aceitunas negras gregas para decorar

Mestura a maionesa, o allo, o pan relado, as améndoas, o zume de limón e o perexil. Poñer a ensalada nun prato, poñer medio ovo por riba. Decorar coa mestura de maionesa, despois decorar con cebola e olivas.

Scotch Woodcock

usas 4

Pertence á antiga liga de clubs de cabaleiros da cidade e segue sendo un dos bocadillos de luxo quentes.

4 rebandas de pan

allos

Gentleman's Relish ou Ansi Paste

2 tortillas extra cremosas

Unhas pingas de anchoas en conserva en manteiga para decorar

Tórase o pan e despois a manteiga. Pincela unha fina capa de Gentleman's Relish ou pasta de ansi, corta cada porción en cuartos e manténase quente. Prepara un ovo extra cremoso e bótao sobre a torrada. Decorar con rodajas de anchoa.

Ovos con maionesa sueca

usas 4

Follas de leituga ralladas

1-2 ovos duros, cortados á metade

25 ml / 1½ cucharaditas de mazá (mazá)

Botar o azucre.

150 ml/¼ pt/2/3 cunca de salsa de maionesa ou use maionesa comprada na tenda
5 ml / 1 cucharadita de salsa
5-10 ml / 1-2 culleres de sopa de caviar artificial negro ou laranxa
1 mazá de mesa, cortada en rodajas finas con pel vermella
(sobremesa)

Poñer a ensalada nun prato. Cepille o ovo, corte cara abaixo. Espolvorear as mazás con azucre en po, despois mesturar coa maionesa. Cubra os ovos con esta mestura e, a continuación, adorne con rodajas de cenoria simulada e mazá.

Ensalada de feixón turco

Portas 6

En Turquía chámase fensia plaki e en realidade son feixóns enlatados (mar) e vexetais mediterráneos. É un aperitivo sinxelo e require un pan serio ao lado.

75 ml / 5 culleradas de aceite de oliva

2 cebolas, finamente picadas
2 dentes de allo, finamente picados
1 tomate maduro grande, mesturado, pelado, sen sementes e picado
1 pemento verde (aceite), eliminado de semente e picado moi finamente
10 ml / 2 culleradas de azucre de cana (moi fino).
75 ml / 5 culleres de sopa de auga
2,5-5 ml / ½ - 1 cucharadita de sal
30 ml / 2 culleres de sopa de allo picado (ceboliño)
400 g/14 oz/1 lata grande de feixóns

Poñer o aceite, a cebola e o allo nunha cazola de 1,75 litros e cociñar durante 5 minutos, remexendo dúas veces. Mestura os tomates, os pementos verdes, o azucre, a auga e o sal. Cubra dous terzos do molde cun prato e cociña durante 7 minutos, mexendo dúas veces. Deixar arrefriar completamente, cubrir e refrixerar unhas horas. Mesturar a cebola e as fabas. Cubra de novo e refrigere durante unha hora máis.

Ensalada de fabas con ovos

Portas 6

Fai ensalada de feixón turco, pero decora cada porción con ovos duros en rodajas.

Consellos para ollas

Portas 6

275 g/10 oz de filetes de arenque
75 g/3 oz/1/3 cunca de queixo crema
Zume de medio limón
Prepare 2,5 ml/½ cucharadita de mostaza inglesa ou continental
1 dente de allo, cortado en rodajas finas (opcional)
Servir sobre torradas ou biscoitos (galletas).

Consellos para microondas. Retirar a pel e os ósos e retirar a carne. Pasamos a un procesador de alimentos co resto dos ingredientes e procesamos a mestura ata formar unha pasta. Coloque nun prato pequeno e aplane a parte superior. Tapar e poñer no frigorífico. Sérvense sobre tostadas mornas ou galletas saladas.

Os potes

usas 4

Outra receita clásica do renacemento británico. Servir con tosta branca fina recén cocida.

175 g / 6 oz / ¾ cunca de manteiga sen sal (doce).
225 g / 8 oz / 2 cuncas de chícharos pequenos
Un pouco de todo
pementa branca
Facer un brindis e servir

Poñer a manteiga nun prato e cubrir cun prato. Microondas para derreter, uns 2-3 minutos. Sazonar con dous terzos da cullerada de manteiga e cebola e pementa. Despeje en catro fontes ou moldes. Cubra uniformemente coa masa restante. Refrixera ata que a manteiga estea sólida. Transferir a pratos e comer con torrada.

Ovo revolto con aguacate

usas 4

Unha receita dos setenta para unha comida lixeira ou un delicioso entrante.

2 cebolas, cortadas en rodajas finas
60 ml / 4 culleres de sopa de pan relado branco fresco
2,5 ml / ½ cucharadita de casca de limón ralada finamente
5 ml / 1 cucharadita de sal de cebola
2,5 ml/½ cucharadita de pementón
45 ml / 3 culleres de nata (lixeira).
A nova localización é Black Pepper
2 aguacates medianos, maduros
2 ovos cocidos (duros), picados
20 ml / 4 culleradas de pan relado
20 ml / 4 partes de manteiga derretida

Combina o apio, o pan relado branco, a reladura de limón, a cebola, o pimentón e a nata e condimenta con pementa ao gusto. Cortar o aguacate pola metade e eliminar os ósos. Saca parte da carne para deixar espazo para o recheo e triturala. Engade a carne á mestura de ovos. Mestura ben e engade a pel de aguacate. Coloque a punta no prato cara ao centro. Espolvoreo con pan relado cocido e regamos con aceite. Cubra con papel de cociña e quenta durante 4-5 minutos. Coma inmediatamente.

Aguacate recheo de tomate e queixo

2 como segundos e 4 como aperitivos

Unha mestura perfecta para vexetarianos e aqueles que o cren.

2 aguacates maduros
Zume de medio limón
50 g/2 oz/1 cunca de migas de pan marrón suave
1 cebola pequena, finamente picada
2 tomates, pelados, sen sementes e picados
Sal e pementa negra recén moída
50 g/½ cunca de queixo duro, relado
pementa
8 noces asadas

Cortar o aguacate pola metade e retirar a carne directamente ao prato. Engade o zume de limón e mestura ben cun garfo. Engade o pan relado, a cebola e o tomate, engade sal e pementa. Engadir as peles de aguacate e espolvorear con queixo e pimentón. Decorar cada metade con dúas noces. Coloque nun prato grande co lado máis grande cara dentro. Cubra con papel de cociña e hornee durante 5-5 minutos e medio. Servir inmediatamente.

Ensalada escandinava con rolos e mazás

usas 4

75 g/3 oz de mazás secas
150 ml/¼ pt./2/3 cuncas de auga

3 rolos de cebola

Crema batida ou dobre (pesada) 150 ml/¼ pt/2/3 cuncas.

Para servir a folla

Lavar as rodas de mazá, cortalas en anacos, poñelas nunha cunca mediana e engadir auga. Cubrir cun prato e quentar un máximo de 5 minutos. Deixar actuar durante 5 minutos, despois enxágüe ben. Busca os rolos e córtaos en diagonal en tiras. Engade as mazás e a cebola e mestura coa crema de leite. Cubra e marina na neveira durante a noite. Mestura antes de servir, despois colócalo en pratos separados e serve con pan crujiente.

Mop con salsa de curry e ensalada de mazá

usas 4

Prepárase como o rollmop escandinavo e a ensalada de mazá, pero a metade con maionesa e a outra con crème fraîche. Sazonar ao gusto con pasta de curry.

Leituga con queixo de cabra e aderezo morno

usas 4

12 follas pequenas de leituga
1 recipiente
20 foguetes
4 queixos de cabra separados
90 ml / 6 culleres de sopa de aceite de semente de uva
30 ml / 2 culleres de sopa de aceite de coco
10 ml/2 culleres de sopa de auga de flor de laranxa
10 ml/2 culleres de sopa de mostaza de Dijon
45 ml / 3 culleres de arroz ou vinagre
10 ml / 2 culleradas de azucre de cana (moi fino).
5 ml/1 porción de sal

Lavar e secar as follas de leituga. Corte o depósito de auga, lave e seque. Lavar e secar a rúcula. Dispor estes tres en catro pratos ben separados e colocar o queixo no centro de cada un. Poñer o resto dos ingredientes nun bol e cociñar sen tapar durante 3 minutos. Mestura e despois bota sobre cada ensalada.

Xeado de Tomate Jelly

usas 4

4 tomates, pelados, sen sementes e picados

5 ml/1 peza de raíz de xenxibre fresca finamente picada
5 ml/1 cucharadita de casca de limón ralada finamente
20 ml / 4 culleres de sopa de xelatina en po
750 ml/1¼ pezas/3 cuncas de caldo de polo
30 ml / 2 culleres de sopa de puré de tomate (pasta)
5 ml/1 porción de salsa Worcestershire
5 ml/1 parte de azucre de cana (moi fino).
5 ml/1 cda de sal de apio
20 ml / 4 culleres
Para sementar sementes de sésamo
Para servir galletas de queixo (biscoitos).

Divide os tomates entre catro copas grandes de viño, despois espolvoreo con xenxibre e limón. Coloque a xelatina nun recipiente de 1,5 litros cos 75 ml/5 culleres de sopa reservados e amolece durante 5 minutos. Case soluble, insoluble, disolto. 2 minutos Mestura o resto da sopa co puré de tomate, a salsa Worcestershire, o azucre e o sal de apio. Mestura lentamente ata que quede suave, despois enfríe ata que espese lixeiramente. Despeje os tomates e despois refrixera. Antes de servir coas galletas de queixo, espolvoreo con 5 ml/1 cullerada de crema fresca e sementes de sésamo.

Tomates recheos

usas 4

San, pero refinado e delicioso, sobre torrada con manteiga ou allo (cebola).

6 tomates

1 cebola, ralada

50 g/2 oz/1 cunca de pan relado fresco

5 ml / 1 cucharada de mostaza preparada

5 ml/1 porción de sal

15 ml/1 colher de sopa de cebollino ou perexil picado

50 g / 2 oz / ½ cunca de carne ou aves cocidas frías, camaróns cortados en dados (gambas) ou queixo relado

1 ovo pequeno, batido

Cortar os tomates pola metade e retirar as metades nun prato, descartando os núcleos duros. Poñer a pel boca abaixo sobre papel de cociña para escorrer. Poñer todos os demais ingredientes nun bol e engadir o puré de tomate. Mezclar ben cun garfo para combinar, despois botar as metades de tomate. Coloca dous aneis, un dentro do outro, no bordo do prato. Cubra con papel de cociña e cociña durante 7 minutos, xirando a tixola tres veces. Sérvese quente, tres racións e media.

Tomates recheos italianos

usas 4

6 tomates

75 g / 3 oz / 1½ cuncas de pan relado fresco

175 g de queixo mozzarella

2,5 ml/culler de sopa de ourego seco

2,5 ml/culler de sopa de sal

10 ml/2 porcións de follas de albahaca picadas

1 cebola allo, picado

1 ovo pequeno, batido

Cortar os tomates pola metade e retirar as metades nun prato, descartando os núcleos duros. Poñer a pel boca abaixo sobre papel de cociña para escorrer. Poñer todos os demais ingredientes nun bol e engadir o puré de tomate. Mezclar ben cun garfo para combinar, despois botar as metades de tomate. Coloca dous aneis, un dentro do outro, no bordo do prato. Cubra con papel de cociña e cociña durante 7-8 minutos, xirando a tixola tres veces. Servir quente ou frío, tres porcións e media por porción.

Vasos de ensalada de tomate e polo

usas 4

/ 450 ml / ¾ por cada 2 cuncas de caldo

15 ml/1 cucharadita de xelatina en po

30 ml / 2 culleres de sopa de puré de tomate (pasta)

1 cebola pequena, finamente picada

5 ml/1 parte de azucre de cana (moi fino).

1 pemento verde (graxa), finamente picado

175 g / 6 oz / 1½ cuncas de carne cocida fría, cortada en rodajas finas

1 cenoria, ralada

2 aneis de ananás enlatados (non frescos nin en gelatina)

2 ovos duros (duros), revoltos

Despeje a metade da sopa nunha fonte de cocción de 1,5 cuartos/2½ cuartos/6 cuncas. Mestura a xelatina e amolece durante 5 minutos. Desconxelar nunha tixola, sen cubrir, 2-2 1/2 minutos. Engade o resto dos ingredientes, mestura ben para combinar. Tapa e refrixera ata que estea arrefriado, só comeza a espesar, despois engade o resto dos ingredientes excepto o ovo. Dividir en catro vasos e refrixerar ata que estea listo. Pincel con lavado de ovos antes de servir.

Ovos e cebola picada

4 está aberto e 6 está aberto

Un gran clásico xudeu que sabe mellor con galletas como a tradicional matzá. A maior vantaxe é cociñar ovos no microondas: a cociña é vaporosa e non hai pratos que lavar. Aquí suxírese manteiga ou outra margarina, pero a comunidade ortodoxa só usará margarina vexetal.

5 ovos duros (duros), pelados e cortados en rodajas finas
40 g / 1½ oz / 3 culleradas de manteiga ou margarina, amolecida
1 cebola, finamente picada
Sal e pementa negra recén moída
Follas de leituga ou perexil para decorar

Bater os ovos batidos con manteiga ou margarina. Mesturar coa cebola e sazonar. Poñer en catro pratos e decorar cada un con leituga ou perexil.

Quiche Lorraine

Servizos 4-6

Flan co sabor orixinal francés, ou a variedade "mostaza".

Para facer a masa (pasta):
175 g/6 oz/1½ cuncas de fariña simple (para todo uso).
1,5 ml / ¼ cucharadita de sal
100 g / 3½ oz / ½ cunca de margarina de manteiga mesturada con manteca branca ou manteca de porco ou use margarina enteira
1 xema pequena

Encher:
6 rebandas de touciño
3 ovos
300 ml / ½ cucharadita / 1¼ cuncas de leite ou nata (lixeira)
2,5 ml / ½ cucharadita de sal
A nova localización é Black Pepper
Noces trituradas

Para facer a masa, poñemos a fariña e o sal nun bol. Amasar a mestura no aceite ata que se asemella a pan relado, despois mesturar con auga fría ata obter unha masa dura. Cubra con papel aluminio e refrigere durante media hora a ¾ hora. Volver a unha superficie e amasar rápida e facilmente ata que estea uniforme. Coloca un círculo fino e forrao cun prato de vidro, porcelana ou cerámica de 20 cm de diámetro. Tome o bordo superior en pequenas bocanadas e preme cara abaixo cun garfo. Ás durante 6 minutos, xirando a táboa dúas veces. Se a masa está inchada nalgúns lugares, preme suavemente no forno coa man oposta. Pincelar con xema de ovo e fritir durante 1 minuto para pechar os buratos. Deixa o recheo mentres o preparas.

Coloque o touciño nun prato forrado con papel absorbente, cubra cunha segunda toalla de papel e cociña durante 5 minutos, dándolle voltas unha vez. Escorrer e arrefriar lixeiramente. Corta cada bolo en tres anacos e colócao no fondo do molde. Sazonar os ovos con leite ou nata, sazonar con sal e pementa. Decorar con coidado a carne de porco e espolvorear con noces. Ás durante 10 a 12 minutos, ou ata que comecen a formar burbullas no centro, xirando a tixola catro veces. Deixar repousar 10 minutos antes de cortar. Coma quente ou frío.

Queixo e tomate

Servizos 4-6

Prepárao como Quiche Lorraine, pero en vez de touciño, pela e engade tres tomates en rodajas.

Mesturar co salmón afumado

Servizos 4-6

Prepara o mesmo que a Quiche Lorena, pero substitúe 175 g de carne de porco por filetes de salmón afumado.

A filloa é curta

Servizos 4-6

Fai o mesmo que a Quiche Lorena, pero substitúe a carne de porco por 175 g/6 oz/1½ cunca de carne picada.

espinacas

Servizos 4-6

Prepárase como Quiche Lorena, pero cubra a codia con 175 g de espinacas cocidas e secas en lugar de touciño. (As espinacas deben estar o máis secas posible, se non, a masa (pasta) quedará branda).

mar mediterráneo

Servizos 4-6

Prepárase como Quiche Lorraine, pero en lugar de touciño, cubra a codia en aceite con 185 g de flocos de atún, 12 olivas negras e 20 ml/4 culleres de sopa de puré de tomate (pasta).

Quiche con espárragos

Servizos 4-6

Prepárase como Quiche Lorena, pero substitúe 350 g/12 oz/1 carne de porco grande por espárragos. Escorrer ben, gardar seis pinchos e picar o resto. Úsase para cubrir o fondo da pota. Con pinchos para decorar.

Porca rachada

Servizos 4-6

225 g/8 oz/2 cuncas de metades de noces
50 g/2 oz/¼ cunca de manteiga
10 ml/2 partes de aceite de millo
5 ml/1 mostaza en po
5 ml/1 pimentón
5 ml/1 cda de sal de apio
5 ml / 1 cucharadita de sal de cebola
2,5 ml/culler de sopa de chile en po
Sal

Fritir as metades de noces. Quenta a manteiga e o aceite nunha tixola descuberta durante 1,5 minutos. Engadir as noces e mesturar suavemente co aceite e a manteiga ata que o aceite estea combinado. Deixar ao descuberto e cociñar durante 3-4 minutos, dándolle voltas frecuentemente, observando con coidado como comezan a dourarse. Despeje a auga sobre o papel de cociña. Nunha bolsa de plástico, mestura a mostaza en po, o pimentón, o sal de apio, os chalotes, o chile en po e o sal ao gusto. Almacenar nun recipiente hermético.

Noces con curry brasileiro

Servizos 4-6

225 g/8 oz/2 cuncas de noces do Brasil, picadas
50 g/2 oz/¼ cunca de manteiga
10 ml/2 partes de aceite de millo
20 ml/4 porcións de curry en po suave, medio ou picante
Sal

Noz do Brasil Quenta a manteiga e o aceite nunha tixola descuberta durante 1,5 minutos. Engadir as noces e mesturar suavemente co aceite e a manteiga ata que o aceite estea combinado. Deixar ao descuberto e cociñar durante 3-4 minutos, dándolle voltas frecuentemente, observando con coidado como comezan a dourarse. Despeje a auga sobre o papel de cociña. Poñer o curry e o sal nunha bolsa de plástico ao gusto. Almacenar nun recipiente hermético.

Queixo azul e pacanas

Servizos 4-6

Un complemento sofisticado para a familia de quiche.

Para facer a masa (pasta):
175 g/6 oz/1½ cuncas de fariña simple (para todo uso).
1,5 ml / ¼ cucharadita de sal
100 g / 3½ oz / ½ cunca de margarina de manteiga mesturada con manteca branca ou manteca de porco ou use margarina enteira
45 ml/3 culleres de sopa de pacanas, picadas finamente
1 xema pequena

Encher:
200 g / 7 oz / pequeno 1 cunca de queixo crema enteira
30-45 ml/2-3 culleres de sopa de cebola ou cebola picada
125 g / 4 oz / porción 1 cunca de queixo azul, desmenuzado
5 ml/1 pimentón
3 ovos
60 ml/4 culleres de sopa de nata ou nata (lixeira).
Sal e pementa negra recén moída

Para facer a masa, poñemos a fariña e o sal nun bol. Frota a mestura no aceite ata que se asemella a pan relado fino, despois as noces picadas. Mesturar a masa con auga fría. Cubra con papel aluminio e refrigere durante media hora a ¾ hora. Volver a unha superficie e amasar rápida e facilmente ata que estea uniforme. Coloca un círculo fino e forrao cun prato de vidro, porcelana ou cerámica de 20 cm de diámetro. Tome o bordo superior en pequenas bocanadas e preme cara abaixo cun garfo. Ás durante 6 minutos, xirando a táboa dúas veces. Se a masa está inchada nalgúns lugares, preme suavemente no forno coa man oposta. Pincelar con xema de ovo e fritir durante 1 minuto para pechar os buratos. Deixa o recheo mentres o preparas.

Coloque os ingredientes do recheo nun procesador de alimentos, sazone con sal e pementa e mestura ata que quede suave. Aclarar a masa (galleta). Ás durante 14 minutos, xirando a tixola tres veces. Deixar durante 5 minutos. Coma quente ou frío.

Rico fígado

8-10 comidas

Sérvese con torradas quentes en festas fastuosas ou comidas especiais.

250 g / 9 oz / 1 cunca xenerosa de manteiga
1 cebola allo, picado
450 g/1 lb de fígado de polo
1,5 ml / ¼ cucharadita de noces trituradas
Sal e pementa negra recén moída

Coloque 175 g / 6 oz / ¾ cunca de manteiga nunha pota de 1,75 L / 3 partes / 7½ cuncas e derrita a alta velocidade durante 2 minutos. Mestura o allo. Perforar cada anaco de fígado de polo coa punta dun coitelo e colocar nun prato. Mestura ben coa manteiga. Cubra cun prato e cociña a lume alto durante 8 minutos, mexendo dúas veces. Mesturar as noces e condimentar ben ao gusto. En dous grupos

Sopa quente de cangrexo salgado

Portas 6

Gran contribución de China, pracer fácil.

1 litro / 1¾ pezas / 4¼ cuncas de aves
225 g/7 oz/1 castaña pequena e picada pode estar húmida
225 g / 7 oz / 1 caixa pequena de brotes de bambú picados en auga
75 g de cogomelos, cortados en rodajas finas
150 g de tofu, cortado en cubos pequenos
175 g / 6 oz / 1 cangrexo pequeno salgado, salgado e glaseado
15 ml / 1 cucharada de maicena
15 ml / 1 cucharada de auga
30 ml / 2 culleres de vinagre de malta
15 ml / 1 cucharada de salsa de soia
5 ml/1 porción de aceite de xirasol
2,5 ml/culler de sopa de sal
1 ovo grande

Despeje o caldo en 2 cuartos / 3 ½ cuartos / 8 ½ cuncas. Engade cuncas de castañas de auga e brotes de bambú. Engadir os cogomelos e o tofu e a tapa de formiga. Inquietante Cubrir o prato con papel film (plástico) e cortar dúas veces para que salga o vapor. Cociña durante 15 minutos. Abrir con coidado para evitar que se queime o vapor e remover ben para combinar. Mestura suavemente a fariña de millo e o vinagre, despois engádese ao resto dos ingredientes. Mestura a sopa suavemente. Cubra como antes e cociña durante 4 minutos. Revolver e cubrir cun prato grande ou tapa. Deixar por 2 minutos. Servir quente en pratos de porcelana.

Unha sopa oriental lixeira

3-4 comidas

400 ml / 16 fl oz / 1 lata grande de sopa de mullein
Pode conter 400 ml/16 oz/1 leite de coco grande
Sal
Chile en po
cilantro picado
Popadoms, para servir

Verter a sopa e o leite de coco nunha pota de 1,75 litros. Engadir sal ao gusto. Quenta durante 7-8 minutos, mexendo dúas veces. Culler en cuncas quentes, espolvorear con chile en po e cilantro en po e servir con popadoms.

Sopa de fígado

usas 4

50 g/2 oz/1 cunca de pan relado fresco
50 g de fígado de polo, picado
15 ml/1 colher de sopa de perexil finamente picado máis máis para decorar
5 ml / 1 cucharada de cebola
1,5 ml/¼ cucharadita de mejorana
1,5 ml / ¼ cucharadita de sal
A nova localización é Black Pepper
½ ovo, batido
750 ml / 1¼ porcións / 3 cuncas de caldo puro de tenreira ou polo ou caldo líquido enlatado

Coloca todos os ingredientes nun bol, excepto a sopa e o caldo. Mestura ben e fai 12 pequenas manchas. Despeje o caldo ou caldo nun prato profundo de 1,5 cuartos/2,5 cuartos/6 cuncas e cubra cun prato. Poña a ferver e cociña uns 8-10 minutos. Engadir o caldo. Cociña durante 3-4 minutos ata que a pasta suba e flote ata a parte superior da pota. Transferir a pratos quentes, espolvorear con perexil e servir inmediatamente.

Sopa de crema de cenoria

Portas 6

30 ml / 2 culleres de sopa de fariña de millo (fécula de millo)
Lente grande de 550 g/1¼ f/1
/ 450ml / ¾ 2 por vaso de leite frío
7,5-10 ml / 1½ - 2 culleres de té de sal
300 ml/porción ½/1¼ cunca de auga morna
60 ml / 4 culleres de nata (lixeira).

Poña a fariña de millo nunha cunca de 3 cuartos / 5¼ cuartos / 12 cuncas. Mestura lentamente o líquido no recipiente coas cenorias. Mestura as cenorias nunha batidora ou procesador de alimentos. Poñer nunha pota con leite e sal. Cociña durante 12 minutos ata que espese, mexendo suavemente catro ou cinco veces para garantir a consistencia. Mesturar con auga morna. Verter en cuncas quentes e cubrir con 10 ml/2 culleres de sopa de crema.

Sopa fría de cenoria e avea

Portas 6

1 porro grande, picado e ben lavado
4 cenorias grandes, cortadas en rodajas finas
3 patacas medianas pequenas, cortadas en dados
150 ml/¼ pt./2/3 cunca de auga morna
600 ml / 1 peza / 2½ cuncas de sopa de verduras
300 ml/½ pzas/1¼ cunca de nata (lixeira).
Sal e pementa negra recén moída
Tanque fixo

Cortar firmemente o tubo. Coloque todas as verduras en 2 cuartos/3½ pt/8½ cuncas de auga quente. Cubra con papel film (plástico) para que escape o vapor e corte pola metade. Cociña durante 15 minutos ata que as verduras estean tenras. Despeje o líquido da cunca nunha batidora ou procesador de alimentos e engade un pouco máis de caldo se é necesario. Poñer nun bol grande e mesturar co resto dos ingredientes. Cubra e refrigere. Mestura coidadosamente a nata e o sabor antes de servir. Despeje a sopa en cuncas e espolvoree cada unha cun pouco de auga.

Sopa De Cenoria E Coentro

Portas 6

Fai sopa de crema de apio, pero xunto co apio, engade un montón de follas de cilantro frescos nunha batidora ou procesador de alimentos. Se o desexa, pódese engadir crema.

Cenoria con sopa de laranxa

Portas 6

Prepárase do mesmo xeito que a sopa de cenoria, pero engade 10 ml/2 culleres de sopa de casca de laranxa ralada á metade da sopa mentres se cociña. Servir con nata montada e un chorrito de Grand Marnier.

Sopa de ensalada cremosa

Portas 6

75 g/3 oz/1/3 cunca de manteiga ou margarina
2 cebolas, raladas
225 g de leituga cortada en tiras brandas
600 ml / peza 1 / 2 ½ cuncas de nata
30 ml / 2 culleres de sopa de fariña de millo (fécula de millo)
300 ml / ½ pt / 1 ¼ cunca de auga morna ou caldo de verduras
2,5 ml/culler de sopa de sal

Derrete 50 g de manteiga ou margarina nunha cazola de 1,75 litros durante 2 minutos. Mestura a cebola e a leituga. Cubra cun prato e cociña durante 3,5 minutos. Verter un terzo do leite na batidora. Recicla ben. Volve á pota. Mestura con coidado os 60 ml/4 culleres de sopa de maicena restantes no leite. Engade a sopa co resto de leite, auga ou caldo quente e sal. Cociña a lume alto durante 15 minutos, mexendo con frecuencia para garantir a suavidade. Engade 5 ml/1 colher de aceite a cada un e serve en pratos quentes.

Sopa de sopa verde

Servizos 4-6

1 leituga verde redonda
125 g de berros ou espinacas
1 porro, só a parte branca, cortado en rodajas
300 ml/porción ½/1¼ cunca de auga morna
60 ml/4 culleres de sopa de fariña de millo (almidón de millo)
300 ml / ½ pt / 1¼ cuncas de leite frío
25 g / 1 oz / 2 culleradas de manteiga ou margarina
Sal
Crutóns para servir

Lavar e picar finamente as leitugas e os berros ou as espinacas. Enche un matraz de 1,5 litros/2 ½ litros/6 cuncas de auga. Cubra con papel film (plástico) para que escape o vapor e corte pola metade. Ás durante 10 minutos, xirando a tixola dúas veces. Deixamos arrefriar durante 10 minutos. Transfira a unha batidora e mestura ata que quede suave. Volve á pota. Mestura a fariña de millo ben. Engade manteiga ou margarina á tixola e sal a gusto. Ás tres veces durante 8-10 minutos ou ata que se quente e espese lixeiramente. Coloque a sopa morna en cuncas e cubra cada cebola.

sopa de perexil-perexil con wasabi

Portas 6

Cun sutil toque de rábano picante e wasabi, esta é unha sopa marabillosa, moi única e a dozura só vén do ceboliño.

30 ml / 2 culleradas de aceite de millo ou xirasol
450 g de chirivías, peladas e cortadas en rodajas
900 ml / 1½ pezas / 3¾ cuncas de sopa ou caldo de verduras
10 ml / 2 culleres de sopa de po de wasabi xaponés
30 ml / 2 culleradas de perexil picado
150 ml/¼ cucharadita/2/3 cunca de crema (lixeira).

Despeje o aceite nunha pota de 2 cuartos/3½ pt/8½ cuncas. Engade a campá. Cubra con papel film (plástico) para que escape o vapor e corte pola metade. Fritir durante 7 minutos, xirando a tixola dúas veces. Engade o caldo e o wasabi en po. Cubra cun prato e cociña durante 6 minutos. Arrefriar lixeiramente e mesturar nunha batidora ata que quede suave. Volve á pota. Mesturar o perexil. Cubra como antes e cociña durante 5 minutos. Mesturar a crema de leite e servir.

Sopa de patacas

Portas 6

Fai sopa de perexil e perexil con wasabi, pero substitúe as patacas doces por carne de laranxa.

Sopa de crema de verduras

Servizos 4-6

Unha sopa moi saudable: usa calquera combinación de verduras que che guste ou teñas a man.

450 g/1 lb de verduras frescas mesturadas
1 cebola, picada
25 g de manteiga ou margarina ou 30 ml de aceite de xirasol
175 ml / 6 oz / ¾ cunca de auga
/ 450 ml / ¾ a 2 cuncas de leite ou unha mestura de leite e auga
15 ml / 1 cucharada de fariña de millo (almidón de millo)
2,5 ml/culler de sopa de sal
perexil picado

Prepara as verduras segundo o tipo e córtaas en anacos pequenos. Nunha cunca de 2 litros/3½ pt/8½ cuncas, mestura a cebola, a manteiga, a margarina ou a manteiga e 30 ml/2 culleradas de sopa de auga. Cubra cun prato e mexa catro veces e cociña a lume completo durante 12-14 minutos. Procesa nunha batidora ata que quede suave. Volve á pota co leite ou tres cuartos do leite e auga. Mesturar ben co resto do líquido de millo e engadir o sal á tixola. Mestura catro veces e cociña a lume completo durante 6 minutos. Coloque a sopa nunha cunca e espolvoree cada unha con perexil.

Sopa de chícharos verdes

Servizos 4-6

Prepare a crema de sopa de verduras, pero substitúa a mestura de vexetais e cebola con 450 g de chícharos conxelados. Decorar lixeiramente con pan rebanado en lugar de perexil.

Sopa de cabaza

Servizos 4-6

Prepárase como unha sopa de verduras, pero substitúe as verduras e as cebolas por 450 g/1 lb de sopa por cenorias, cebolas, noces ou apio. Espolvoreo cada un con noces picadas en lugar de perexil.

Sopa de crema de cogomelos

Servizos 4-6

Prepare unha crema de sopa de vexetais, pero substitúa a mestura de vexetais e cebola por cogomelos.

Sopa de crema de cabaza

6-8 comidas

Especialmente para Halloween, pero a sopa está moi fría, así que conxela os restos ou fai un lote extra durante a tempada de cabazas e garda para principios do verán.

1,75 kg de cabaza fresca, en rodajas ou enteiras

2 cebolas, picadas grosamente

15-20 ml / 3-4 culleres de té de sal

600 ml / peza 1 / 2 ½ cuncas de nata

15 ml / 1 cucharada de fariña de millo (almidón de millo)

30 ml/2 culleres de sopa de auga fría

2,5 ml / cullerada de sopa de noces moídas

Croutons para servir (opcional)

Cortar a cabaciña coma unha sandía. Eliminar as sementes, lavar e secar. Coloque nunha soa capa nun prato. Debe abrirse lentamente durante 4 minutos en toda a forma. Deixar arrefriar, despois abrir as cunchas e eliminar as sementes. Libro. Limpar o forno e cortar a cebola en dados moi grandes. Coloque a cebola nun bol grande e mestura ben. Cubra ben con película (envoltura de plástico), pero non corte. Cociña durante 30 minutos, xirando a tixola catro veces. Retirar do forno e deixar durante 10 minutos. Mestura a cabaciña, a cebola e o líquido de cocción nunha batidora ou procesador de alimentos en varios lotes. Volve á pota. Mestura sal e leite. Mestura con coidado o xarope de millo e engade a noz moscada. nena, sen abrir,

sopa de coco

6-8 comidas

4 pezas de polo

Cortar unhas 4 pintas

1,25 litros / 2¼ cuncas / 5½ cuncas de auga quente
10 ml / 2 culleres de sal
1 xogo de sobres
50 g/2 oz/¼ cunca de arroz de grans longos lixeiramente cocido
12 coitelos

Lavar o polo e colocalo nunha fonte de 20 cm de profundidade (forno holandés). Engade unha formiga. Cubra con papel film (plástico) para que escape o vapor e corte pola metade. Cociña durante 12 minutos. Retire o polo da pota, retire a carne dos ósos e córtase en anacos pequenos. Libro. Despeje a auga no outro recipiente grande. Engade o arroz, as lentellas e o líquido á pota xunto co sal e a maicena. Cubra cun prato e enforne durante un total de 18 minutos. Mestura o polo e os camaróns. Cubra como antes e cociña por outros 3 minutos. Coma cando estea quente.

Sopa.Sopa

Portas 6

30 ml / 2 culleres de cebada perlada
225 g de filete de cordeiro, cortado en cubos do tamaño dun bocado
1,2 litros / 2 puntos / 5 cuncas de auga quente
1 cebola grande, picada
1 cenoria, finamente picada
1 nabo pequeno, finamente picado
1 porro pequeno, picado

Sal e pementa negra recén moída
perexil picado

Mollar a cebada en 75 ml/5 culleres de sopa de auga fría durante 4 horas. sorteo Coloque o cordeiro nunha tixola de 2,25 cuartos / 4 cuartos / 10 cuncas. Engade auga quente e cebada. Cubra cun prato e cociña durante 4 minutos. Ver Engade as verduras preparadas, sal e pementa. Cubra como antes e cociña durante 25-30 minutos ata que a cebada estea tenra. Deixar durante 5 minutos. Coloque a sopa morna en cuncas e espolvoree con perexil.

Sopa israelí con polo e aguacate

4-5 comidas

900 ml / 1½ pezas / 3¾ cuncas de caldo delicioso
1 aguacate maduro grande, pelado e sen hueso
30 ml/2 culleres de sopa de zume de limón fresco

Despeje o caldo de polo nunha pota de 1,5 litros/2½ cuartos/6 cuncas. Cubra cun prato e cociña a lume alto durante 9 minutos. Machaque a polpa do aguacate co zume de limón. Mestura a sopa quente. Cubra como antes e cociña a lume alto durante 1 minuto. Sérvese quente.

Sopa de aguacate con carne cruda

4-5 comidas

Prepare a sopa de aguacate de polo israelí e adorne cada unha con 7,5 ml/1½ cucharadita de chalotes cocidas.

a sopa

Portas 6

450 g de remolacha crúa
75 ml / 5 culleres de sopa de auga
1 cenoria grande, pelada e ralada
1 grelo pequeno, pelado e ralado
1 cebola, pelada e ralada
750 ml / 1¼ pc / 3 cuncas de carne quente ou sopa de verduras
125 g de repolo branco, picado
15 ml/1 colher de sopa de zume de limón
5 ml/1 porción de sal

A nova localización é Black Pepper
90 ml / 6 culleradas de nata (leite).

Lavar ben o pepino, pero deixar a pel. Coloca unha capa de auga nunha pota de 20 cm de diámetro. Cubra con papel film (plástico) para que escape o vapor e corte pola metade. Cociña durante 15 minutos. Coloque as cenorias, os grelos e as cebolas nunha pota de 2 cuartos/3½ cuartos/8½ cuncas. Escorrer e lavar e cortar en rodajas. Engade a mestura de herbas a 150 ml/¼ pt/2/3 cuncas de caldo. Cubra como antes e cociña durante 10 minutos. Mestura o resto da sopa e todos os ingredientes, excepto a crema de leite e as especias. Cubrir cun prato e remover catro veces e cociñar a lume completo durante 10 minutos. Coloque a sopa en cuncas quentes e cubra con 15 ml/1 colher de sopa de crema.

borscht frío

Portas 6

Prepárase como borscht e deixe arrefriar. Colar cando estea arrefriado. Engade 150 ml/¼ pt/2/3 cunca de auga fría e unha remolacha grande cocida, finamente picada. Deixar durante 15 minutos. Volve a esvarar. Sazonar con zume de limón adicional ao gusto. Arrefriar unhas horas antes de servir.

borscht frío

Portas 6

Prepárase como borscht frío. Despois da segunda peneira, mestura 250 ml/1 cunca de nata espesa nunha batidora ou procesador de alimentos. descansar

Sopa de millo laranxa

4-5 comidas

125 g / 4 oz / ½ cunca de millo laranxa
1 cebola grande, ralada
1 cenoria grande, ralada
½ nabo pequeno, ralado
1 pataca, ralada

20 ml / 4 culleres de manteiga ou margarina
5 ml / 1 cucharada de aceite de millo ou xirasol
30 ml/2 culleres de sopa de perexil picado, opcional para decorar
900 ml / 1 ½ porción / 3¾ cuncas de polo quente ou caldo de verduras
Sal e pementa negra recén moída

Limpar e secar as lentes. Coloque as verduras, a manteiga ou a margarina e a manteiga nunha cunca de 2 cuartos/3½ cuartos/8½ cuncas. Engadir o perexil. Mestura tres veces e cociña a lume completo durante 5 minutos. Mesturar as espinacas e un terzo do caldo quente. Temporada deliciosa. Cubra con papel film (plástico) para que escape o vapor e corte pola metade. Ás durante 10 minutos ata que a superficie estea suave. (Se non, cociña durante 5-6 minutos máis.) Transfira a unha batidora ou procesador de alimentos e mestura ata que estea moi suave. Coloque nun recipiente co resto da sopa. Cubra cun prato e cociña a lume alto durante 6 minutos, mexendo tres veces. Espolvoreo cada un con perexil e serve inmediatamente.

Sopa de millo laranxa con queixo e anacardos asados

4-5 comidas

Prepárase como sopa de millo de laranxa, pero despois do quecemento final, engade 60 ml/4 culleres de sopa de queixo edamame relado e 60 ml/4 culleres de sopa de cacao moído.

sopa de millo con guarnición de tomate

4-5 comidas

Prepárase como sopa de millo de laranxa, pero en lugar de espolvorear perexil, sírvase con 5 ml/1 cullerada de sopa de puré de tomate seco, despois mestura cunha cullerada de tomate fresco.

Sopa de chícharos amarelos

6-8 comidas

A versión sueca da sopa de chícharos que se come todos os xoves en Suecia. Normalmente son filloas e marmeladas.

350 g/1½ cuncas de garavanzos descascarados, lavados
900 ml / 1½ cunca / 3¾ cunca auga fría
5 ml / 1 cucharada
1 óso, uns 450-500 g/1 f

750 ml / 1¼ cuncas / 3 cuncas de auga quente
5-10 ml / 1-2 culleres de té de sal

Coloque os chícharos partidos nunha tixela. Engadir auga fría. Cubra cun prato e cociña durante 6 minutos. Deixar por 3 horas. Transfire os garavanzos e auga de remollo a unha cunca de 2,5 cuartos / 4½ cuartos / 11 cuncas. Mesturar a mejorana e engadir os ósos. Cubra con papel film (plástico) para que escape o vapor e corte pola metade. Cociña durante 30 minutos. Mesturar coa metade da auga quente. Cubra como antes e cociña durante 15 minutos máis. Elimina o óso. Retirar a carne dos ósos e cortar en anacos pequenos. Engade o resto da sopa coa auga quente. Sazonar con sal ao gusto. Mestura ben. Cubrir cun prato e quentar un máximo de 3 minutos. Podes diluír a sopa con auga fervendo adicional se é necesario.

Sopa francesa de cebola

Portas 6

30 ml / 2 culleres de manteiga, margarina ou aceite de xirasol
4 cebolas, cortadas en rodajas finas e cortadas en aneis
20 ml/4 partes de fariña de millo (fécula de millo)
900 ml / 1½ pezas / 3¾ cuncas de caldo de tenreira ou quente
Sal e pementa negra recén moída
6 pan francés, cortado en diagonal
90 ml/6 culleres de sopa de queixo Gruyere (suízo) ou Jarlsberg
pementa

Coloque a manteiga, a margarina ou o aceite nunha cunca de 2 cuartos/3½ cuartos/8½ cuncas. Acende o lume durante 2 minutos. Mestura os aneis de cebola na pota. Cociña a lume completo durante 5 minutos. Mesturar o millo. Despega aos poucos a metade do caldo quente. Cubrir o prato con papel film (plástico) e cortar dúas veces para que salga o vapor. Cociña durante 30 minutos, xirando a pota catro veces. Mesturar o resto da sopa e probar. Mestura ben. Despeje a sopa en seis cuncas e coloque unha rebanada de pan en cada cunca. Espolvoreo con queixo e pimentón. Coloque cada cunca no microondas e quenta durante 1,5 minutos, ata que o queixo se derrita e borbote. Coma inmediatamente.

Sopa italiana de verduras

8-10 comidas

350 g/12 oz de arándanos (arándanos), cortados en rodajas finas
225 g de cenorias, cortadas en rodajas finas
225 g de cebola picada finamente
125 g de repolo branco, picado
125 g de repolo, picado
3 cebolas, cortadas en rodajas finas
3 patacas, cortadas en rodajas
125 g/1 cunca de garavanzos frescos ou conxelados

125 g de feixóns frescos ou conxelados picados
400 g / 14 oz / 1 tomate grande
30 ml / 2 culleres de sopa de puré de tomate (pasta)
50 g de pasta cortada lonxitudinalmente
1 litro / 1¾ cuncas / 4¼ cuncas de auga quente
15-20 ml / 3-4 culleres de té de sal
100 g/1 cunca de parmesano relado

Coloque as verduras preparadas nun frasco de 3,5 L/6pt/15 cuncas. Mestura o resto dos ingredientes, excepto a auga e o sal, e usa unha culler de madeira para romper os tomates polos lados da cunca. Cubra cun prato grande e mestura tres veces e cociña a lume completo durante 15 minutos. Engade tres cuartos de auga quente. Cubra como antes e cociña durante 25 minutos, mexendo catro ou cinco veces. Retirar do microondas. Mestura o resto da auga co sal. Se a sopa parece demasiado espesa, engade máis auga fervendo. Poñer en pratos fondo e servir co parmesano que se proporciona por separado.

Minestrone Genovese

8-10 comidas

Prepárase como minestrone, pero engade 30 ml/2 culleres de sopa de pesto verde listo antes de servir.

Sopa italiana de patacas

4-5 comidas

1 cebola grande, picada
30 ml / 2 culleradas de aceite de oliva ou xirasol
4 patacas grandes
1 caldo de ósos pequeno
1,25 L / 2¼ cuncas / 5½ cuncas de caldo de polo quente
Sal e pementa negra recén moída
60 ml / 4 culleres de nata (lixeira).
Noces trituradas
30 ml / 2 culleradas de perexil picado

Coloque a cebola e o aceite nunha pota de 2,25 cuartos / 4 cuartos / 10 cuncas. Mestura dúas veces e deixa que se derrita durante 5 minutos. Mentres, pelamos e rallamos as patacas. Mesturar a cebola e condimentar con caldo de ósos, caldo quente e sal e pementa ao gusto. Cubra cun prato e cociña a lume alto durante 15-20 minutos, mexendo dúas veces, ata que as patacas estean tenras. Mesturar a crema de leite, verter en cuncas de sopa e espolvorear con noces e perexil.

Sopa fresca de tomate e apio

6-8 comidas

900 g de tomates maduros, mesturados, pelados e sen sementes
50 g/2 oz/¼ cunca de manteiga ou margarina ou 30 ml/2 culleradas de aceite de oliva
2 cebolas, cortadas en rodajas finas
1 cebola grande, cortada en rodajas finas
30 ml / 2 culleres de sopa de azucre moreno escuro
5 ml/1 salsa de soia
2,5 ml/culler de sopa de sal
300 ml/porción ½/1¼ cunca de auga morna

30 ml / 2 culleres de sopa de fariña de millo (fécula de millo)
150 ml/¼ pt./2/3 cuncas de auga fría
Xerez medio

Mestura os tomates nunha batidora ou procesador de alimentos. Coloque a manteiga, a margarina ou o aceite nun recipiente de 1,75 L/3 porcións/7½ cuncas. Quenta exactamente 1 minuto. Mesturar co apio e a cebola. Cubra cun prato e cociña durante 3 minutos. Engade puré de tomate, azucre, salsa de soia, sal e auga quente. Cubra como antes e cociña durante 8 minutos, mexendo catro veces. Mentres tanto, mestura coidadosamente o millo coa auga fría. Remexa a sopa. Cociña a lume completo durante 8 minutos, mexendo catro veces. Despeje a sopa en cuncas e cubra cada cunca con sorbete.

sopa de tomate con salsa de aguacate

Portas 8

2 aguacates maduros
Zume de 1 lima pequena
1 cebola allo, picado
30 ml / 2 culleres de maionesa de mostaza
45 ml / 3 culleres
5 ml/1 porción de sal
Un chisco de cúrcuma
600 ml / 20 fl oz / 2 latas de sopa de tomate condensada
600 ml / 1 peza / 2½ cuncas de auga quente

2 tomates, pelados, sementados e cortados en cuartos

Pelar e cortar en rodajas o aguacate, eliminando o noxo. Pica a polpa finamente, despois mestura con zume de limón, allo, maionesa, crème fraîche, sal e cúrcuma. Cubra e refrigere ata que sexa necesario. Verter dúas latas de sopa nunha pota de 1,75 litros. Enxágüe suavemente con auga. Cortar a polpa de tomate en tiras e engadir dous terzos da sopa. Cubra a tixola cunha tapa e cociña durante 9 minutos, mexendo catro ou cinco veces, ata que estea ben quente. Verter nunha cunca de sopa e cubrir cunha cullerada de salsa de aguacate. Decorar coas rodajas de tomate restantes.

Sopa fría de queixo e cebola

6-8 comidas

25 g / 1 oz / 2 culleradas de manteiga ou margarina
2 cebolas, picadas
2 cebolas, cortadas en rodajas finas
30 ml/2 culleres de sopa de fariña simple (para todo uso).
900 ml / 1½ peza / 3¾ cuncas de polo quente ou sopa de verduras
45 ml / 3 culleradas de viño branco seco ou viño de porto branco
Sal e pementa negra recén moída
125 g/4 oz/1 cunca de queixo azul
125 g / 4 oz / 1 cunca de queixo cedro relado
150 ml/¼ pt/2/3 cunca de nata espesa

Cortar en rodajas finas para decorar

Coloque a manteiga ou a margarina nunha tixola de 2,25 cuartos / 4 cuartos / 10 cuncas. Deixa que os fideos se desconxelen dentro de 1,5 minutos despois da súa apertura. Mesturar a cebola e o apio. Cubra cun prato e cociña durante 8 minutos. Retirar do microondas. Remexe, despois engade lentamente o caldo e o viño ou o porto. Cubra como antes e cociña a lume completo durante 10-12 minutos, mexendo cada 2-3 minutos. Cociña durante un minuto ata que a sopa estea suave, espesa e quente. Temporada deliciosa. Engadir o queixo e remover ata que se derrita. Cubra e arrefríe, despois refrigere durante varias horas ou durante a noite. Antes de servir, mestura a nata e mestura ben. Verter en vasos ou pratos e botar como de costume.

Sopa de queixo suízo

6-8 comidas

25 g / 1 oz / 2 culleradas de manteiga ou margarina
2 cebolas, picadas
2 cebolas, cortadas en rodajas finas
30 ml/2 culleres de sopa de fariña simple (para todo uso).
900 ml / 1½ peza / 3¾ cuncas de polo quente ou sopa de verduras
45 ml / 3 culleradas de viño branco seco ou viño de porto branco
5 ml/1 porción de sementes de comiño
1 cebola allo, picado
Sal e pementa negra recén moída

225 g/2 cuncas de queixo Emmental ou Gruyère (suízo), relado
150 ml/¼ pt/2/3 cunca de nata espesa
os piratas

Coloque a manteiga ou a margarina nunha tixola de 2,25 cuartos / 4 cuartos / 10 cuncas. Deixa que os fideos se desconxelen dentro de 1,5 minutos despois da súa apertura. Mesturar a cebola e o apio. Cubra cun prato e cociña durante 8 minutos. Retirar do microondas. Remexe, despois engade lentamente o caldo e o viño ou o porto. Mesturar a manteiga e o allo. Cubra como antes e cociña a lume completo durante 10-12 minutos, mexendo cada 2-3 minutos. Cociña durante un minuto ata que a sopa estea quente, suave e espesa. Temporada deliciosa. Engadir o queixo e remover ata que se derrita. Mesturar con crema de leite. Verter en vasos ou pratos e servir quente, decorado.

Sopa Avgolemono

Portas 6

1,25 L / 2¼ cuncas / 5½ cuncas de caldo de polo quente
60 ml/4 culleres de sopa de arroz de risotto
Zume de 2 limóns
2 ovos grandes
Sal e pementa negra recén moída

Despeje o caldo nun prato profundo de 1,75 cuartos / 3 cuartos / 7½ cuncas. Remexe o arroz. Cubra cun prato e cociña a lume alto durante 20-25 minutos ata que o arroz estea tenro. Bata ben o zume de limón e os ovos nunha sopa ou noutro recipiente grande. Engade con coidado a sopa e o arroz. Proba antes de servir.

Sopa de crema de pepino con pastis

6-8 comidas

900 g de pepino pelado
45 ml/3 culleres de sopa de manteiga ou margarina
30 ml / 2 culleres de sopa de fariña de millo (fécula de millo)
600 ml / 1 peza / 2½ cuncas de polo ou vexetais
300 ml / ½ pt / 1¼ cuncas de crema espesa
7,5-10 ml / 1½ - 2 culleres de té de sal
10 ml / 2 culleres de sopa de Pernod ou Ricard (pastis)
A nova localización é Black Pepper

Cebola picada (cebola)

Usando un procesador de alimentos ou unha táboa de cortar, corta o pepino en rodajas finas. Poñer nun prato e deixar durante 30 minutos para que se evapore a humidade. Seque o máximo posible cunha toalla limpa. Coloque a manteiga ou a margarina nunha tixola de 2,25 cuartos / 4 cuartos / 10 cuncas. Deixa que os fideos se desconxelen dentro de 1,5 minutos despois da súa apertura. Mesturar a cebola. Cubra cun prato, remexe tres veces e cociña a lume completo durante 5 minutos. Mestura lentamente parte do millo, despois engade o resto. Mestura gradualmente o pepino. Cociña ata case feito. Revolver tres ou catro veces ata que a sopa estea quente, suave e espesa. Engade crema de leite, sal e cola e mestura ben. Quenta por 1-1 1/2 minutos. Sazonar en ángulo.

Sopa de curry con arroz

Portas 6

Sopa de polo anglo-india suave.

30 ml / 2 culleres de sopa de aceite de cacahuete ou xirasol
1 cebola grande, picada
3 cebolas, cortadas en rodajas finas
15 ml/1 colher de sopa de curry en po suave
30 ml / 2 culleres de sopa de xerez medio seco
1 litro / 1¾ cuncas / 4¼ cuncas de polo ou verduras
125 g/1/2 cunca de arroz de grans longos

5 ml/1 porción de sal

15 ml / 1 cucharada de salsa de soia

175 g de polo cocido, cortado en tiras

Para servir, iogur natural espeso ou crème fraîche

Verter 25 g nun recipiente de 2,25 L/4pt/10 cuncas. Acende o lume durante 1 minuto. Engadir a cebola e o apio. Mestura unha vez e cociña a lume completo durante 5 minutos. Mestura o curry en po, xerez, caldo, arroz, sal e salsa de soia. Cubra cunha tapa e cociña a lume completo durante 10 minutos, mexendo dúas veces. Engadir o polo. Cubra como antes e cociña durante 6 minutos. Despeje en cuncas e engade unha cunca de iogur ou crema fresca a cada cunca.

salsa vichy

Portas 6

O chef estadounidense Louis Diat no século XX. Unha versión moderna e fría da sopa de lentellas e patacas inventada a principios do século XX.

2 pinos

350 g de patacas, peladas e cortadas en rodajas

25 g / 1 oz / 2 culleradas de manteiga ou margarina

30 ml / 2 culleres de sopa de auga

/ 450ml / ¾ 2 cuncas por cada leite

15 ml / 1 cucharada de fariña de millo (almidón de millo)

150 ml/¼ pt./2/3 cuncas de auga fría

2,5 ml/culler de sopa de sal
150 ml/¼ cucharadita/2/3 cunca de crema (lixeira).
Tés finamente cortados para decorar

Cortar as verduras, cortar a maioría das verduras. Cortar o resto e lavar ben. A miña lingua grosa Poñer as patacas nunha cazola de 2 litros con manteiga ou margarina e auga. Cubrir cun prato e remover catro veces e cociñar a lume completo durante 12 minutos. Transfire a unha batidora, engade o leite e o puré. De volta ao prato. Mestura con coidado o xarope de millo e engádese á pota. Sazonar con sal ao gusto. Cociña durante 6 minutos, mexendo cada minuto. tómao con calma Mesturar con crema de leite. Cubra ben e refrigere. Verter nos pratos e espolvorear cada porción con té.

Sopa fría de pepino con iogur

6-8 comidas

25 g / 1 oz / 2 culleradas de manteiga ou margarina
1 dente de allo
1 pepino, pelado e ralado
600 ml / 1 peza / 2½ cuncas de iogur natural
300 ml/½ pt/1¼ cunca de leite
150 ml/¼ pt./2/3 cuncas de auga fría
2,5-10 ml / ½ - 2 culleres de té de sal
Pan cortado para decorar

Coloque a manteiga ou a margarina nun recipiente de 1,75 L/3 porcións/7½ cuncas. Acende o lume durante 1 minuto. Picar o allo e engadir o pepino. Mestura dúas veces e cociña a lume completo durante 4 minutos. Retirar do microondas. Mestura todos os outros ingredientes. Cubra e refrigere durante unhas horas. Poñer en pratos e espolvorear cada porción con pan relado.

Sopa de espinacas arrefriada con iogur

6-8 comidas

25 g / 1 oz / 2 culleradas de manteiga ou margarina
1 dente de allo
450 g de follas pequenas de espinaca, picadas
600 ml / 1 peza / 2½ cuncas de iogur natural
300 ml/½ pt/1¼ cunca de leite
150 ml/¼ pt./2/3 cuncas de auga fría
2,5-10 ml / ½ - 2 culleres de té de sal
1 zume de limón

Noces ou cacahuetes para decorar

Coloque a manteiga ou a margarina nun recipiente de 1,75 L/3 porcións/7½ cuncas. Acende o lume durante 1 minuto. Picar o allo e engadir as espinacas. Mestura dúas veces e cociña a lume completo durante 4 minutos. Retirar do microondas. Mestura a un puré espeso nunha batidora ou procesador de alimentos. Mestura todos os outros ingredientes. Cubra e refrigere durante unhas horas. Coloque en pratos e espolvoree cada porción con cacahuetes ou noces.

Sopa de tomate arrefriada con Sheriff

4-5 comidas

300 ml/½ pt/1¼ cunca de auga
300 ml/10 fl oz/1 sopa de tomate condensada
30 ml / 2 culleres de sopa de xerez seco
150 ml/¼ cucharadita/2/3 cunca de crema espesa.
5 ml/1 porción de salsa Worcestershire
Tés finamente cortados para decorar

Bota auga nunha pota de 1,25 L / 2¼ pt / 5½ cuncas e deixe ferver durante 4-5 minutos ata que ferva. Engadir a salsa de tomate. Cando a masa estea lisa, mestura ben o resto dos ingredientes. Cubra e refrigere durante 4-5 horas. Mesturar, verter en vasos e botar o té.

Vara de Nova Inglaterra

6-8 comidas

Sempre servido para o xantar dos domingos en América do Norte, a sopa de ameixas é un gran clásico, pero como as ameixas non son fáciles de conseguir, as ameixas foron substituídas.

5 tiras de carne de porco (cortadas), finamente picadas
1 cebola grande, pelada e ralada
15 ml / 1 cucharada de fariña de millo (almidón de millo)
30 ml/2 culleres de sopa de auga fría
450 g de patacas cortadas en cubos de 1 cm/½
900 ml / 1½ cuncas / 3¾ cuncas de leite enteiro
450 g de filetes de peixe branco, pelados e cortados en anacos pequenos

2,5 ml / ½ cucharadita
Sal e pementa negra recén moída

Coloque o touciño nunha tixola de 2,5 cuartos / 4½ cuartos / 11 cuncas. Engade a cebola e cociña sen tapar durante 5 minutos. Incorpórase coidadosamente o xarope de millo e mestura na tixola. Mesturar as patacas e a metade do leite quente. Mestura tres veces e cociña a lume completo durante 6 minutos. Engade o resto do leite e cociña sen tapar durante 2 minutos. Engade noces de peixe e sabor. Cubra cun prato e cociña durante 2 minutos ata que o peixe estea tenro. (Non te preocupes se o peixe comeza a amolecer.) Coloca o peixe en cuncas profundas e cómao inmediatamente.

sopa de cangrexo

usas 4

25 g/1 oz/2 culleres de sopa de manteiga sen sal (doce).
20 ml/4 culleres de sopa de fariña (para todo uso).
300 ml / ½ pt / 1¼ cuncas de crema de leite quente
300 ml/½ pt/1¼ cunca de auga
2,5 ml/½ cucharadita de mostaza inglesa
Un pouco de salsa de pementa picante
25 g / 1 oz / ¼ cunca de queixo cedro relado
175 g/6 oz de cangrexo claro e escuro
Sal e pementa negra recén moída
45 ml / 3 culleres de sopa de xerez seco

Coloque a manteiga nunha pota de 1,75 qt/3 cuartos/7½ cuncas. Deixa que se derrita durante 1-1 ½ minutos. mesturar. Cociña a temperatura alta durante 30 segundos. Mestura lentamente o leite e a auga. Cociña a lume alto durante 5-6 minutos, mexendo cada minuto, ata que quede suave e espeso. Mestura todos os outros ingredientes. Cociña a lume completo durante 1,5 minutos, mexendo dúas veces, ata ferver.

Sopa de cangrexo e limón

usas 4

Prepárase como unha sopa, pero engade 5 ml/1 cullerada de sopa de casca de limón finamente ralada ao resto dos ingredientes. Espolvoreo cada un cunhas noces trituradas.

Galletas de lagosta

usas 4

Fai como sopa de cangrexo, pero substitúe o leite por nata (lixeira) e a carne de cangrexo por unha lagosta pequena.

Sopa de paquete seco

Despeje o contido do frasco nun recipiente de 1,25 litros / 2¼ pt / 5½ cuncas. Débese remover pouco a pouco na auga fría recomendada. Deixar as verduras amolecer durante 20 minutos. Inquietante Cubra cun prato e cociña a lume alto durante 6-8 minutos, mexendo dúas veces, ata que a sopa ferva e espese. Deixar por 3 minutos. Mesturar e servir.

Sopa enlatada

Despeje a sopa nun vaso medidor de 1,25 litros/2¼ pts/5½ cuncas. Engade 1 cunca de auga fervendo e mestura ben. Cubra cun prato ou prato e mexa dúas veces durante 6-7 minutos ata que ferva a sopa. Transferir a cuncas e servir.

Quentar as sopas

Para obter os mellores resultados, quenta sopas lixeiras ou finas mentres cociñas en sopas e guisos cremosos e con corpo.

Quenta os ovos para cociñar

Se decides cociñar no último momento e necesitas ovos a temperatura ambiente.

Para 1 ovo: Rachar os ovos nunha cunca ou cunca pequena. Perforar a xema dúas veces cun coitelo ou coa punta dun coitelo para non danar a pel e rachar a xema. Cubra o prato ou cunca cun prato. Quenta durante 30 segundos.

Para 2 ovos: Aproximadamente 1 ovo pero quente en 30-45 segundos.

Para 3 ovos: Cociña durante 1-1¼ minutos para un ovo.

Ovos fritos

Prepáranse por separado nos seus propios pratos.

Para 1 ovo: Despeje 90 ml/6 culleres de sopa de auga morna nun recipiente pouco profundo. Engade 2,5 ml/culler de sopa de vinagre lixeiro para evitar que se pele. Bater coidadosamente 1 ovo no primeiro bol. Picar a xema dúas veces cun coitelo ou garfo. Cubra cun prato e cociña ata que estea completamente cocido, de 45 segundos a 1¼ minutos, dependendo de como lle gusten as claras. Séntese durante 1 minuto. Retire do prato cunha cortadora de peixe.

2 ovos preparados ao mesmo tempo de dúas formas: Cociña durante un minuto e medio completo. Deixar durante 1¼ minutos. Se as claras están moi líquidas, cociña por outros 15-20 segundos.

3 xeitos de cociñar 3 ovos á vez: Cociña durante 2-2 minutos e medio. Deixar por 2 minutos. Se as claras están moi líquidas, cociña por outros 20-30 segundos.

Ovos duros (fritidos).

O microondas funciona moi ben aquí, e os ovos saen suaves e esponxosos, sempre soleados cara arriba e cunha raia branca que nunca se escapa. Non se recomenda fritir máis de 2 ovos á vez, xa que as xemas cocen máis rápido que as claras e endureceranse. Debido ao tempo de cocción máis longo necesario para solidificar as claras. Use porcelana ou cerámica sen decorar, como en Francia.

Para 1 ovo: Untar lixeiramente unha pequena cunca de porcelana ou barro con manteiga derretida, margarina ou aceite de oliva virxe extra. Rompe os ovos nunha cunca e, a continuación, cóceos na tixola. Picar a xema dúas veces cun coitelo ou garfo. Sazonar con sal e pementa negra recén moída. Cubra cun prato e cociña durante 30 segundos. Séntese durante 1 minuto. Continúa a cociñar por outros 15-20 segundos. Se as claras non están abondo, cociña por outros 5-10 segundos.

Para 2 ovos: En canto ao ovo 1, primeiro ferva completamente durante 1 minuto, despois déixao durante 1 minuto. Cociña outros 20-40 segundos. Agarde outros 6-8 segundos se as claras están demasiado duras.

Desfile de gaitas

usas 4

30 ml / 2 culleradas de aceite de oliva
3 cebolas, cortadas en rodajas moi finas
2 pementos verdes (aceite), eliminados as sementes e cortados en rodajas finas
6 tomates pelados, sen sementes e picados
15 ml / 1 cucharada de follas de albahaca picadas
Sal e pementa negra recén moída
6 ovos grandes
60 ml / 4 culleradas de crema dobre (espesa).
Facer un brindis e servir

Bota o aceite nunha tixola de 25 cm/10 de profundidade e quenta, sen tapar, durante 1 minuto. Mesturar a cebola e a pementa. Cubra cun prato e hornee durante 12-14 minutos ata que as verduras estean tenras. Engade os tomates, a albahaca e sazona ao gusto. Cubra como antes e cociña durante 3 minutos. Bater ben os ovos e a nata e probar. Poñelo nunha pota e mestúrao coas verduras. Cociña a lume alto durante 4-5 minutos, mexendo cada minuto, ata que os ingredientes estean lixeiramente combinados. Tapar e deixar repousar 3 minutos antes de servir con pan torrado.

Pementa negra con Gammon

usas 4

Prepárase como Piperade, pero enriba de cada rebanada de xamón tostado (salsa) e á prancha (forno) ou cocido no microondas poñemos unha cullerada.

Desfile de gaitas

usas 4

Especie de peperada española.

Prepárase como Piperade pero engade 2 dentes de allo con cebola e pemento verde (aceite) e engade 125 g/1 cunca de perexil picado ás verduras cocidas. Decorar cada porción cunha rodaja de oliva.

Ovos florentinos

usas 4

450 g de espinaca fresca
60 ml / 4 culleradas de nata para montar
Fritir 4 ovos, 2 á vez
300 ml / ½ pt / 1¼ cunca de salsa de queixo ou salsa morna
50 g / 2 oz / ½ cunca de queixo relado

Mestura as espinacas e a nata nun procesador de alimentos ou nunha batidora. Poñer nunha fonte de forno cun diámetro de 18 cm. Cubra cun prato e cociña a lume alto durante 1,5 minutos. Poñer os ovos por riba e botar sobre a salsa picante. Espolvoreo con queixo e dourar nunha grella quente.

Ovo Rossini

Seccións 1

Fai unha pequena comida agradable cunha ensalada de follas.

As rebanadas de pan integral deben ser fritas (salsa) ou tostadas. Cubra cun pouco máis de pasta de fígado se a ten. Servir inmediatamente cun ovo cocido.

si

usas 4

Unha idea israelí que funciona no microondas. O cheiro é estraño.

750 g doce (berinxela)
15 ml/1 colher de sopa de zume de limón
15 ml / 1 cucharada de aceite de millo ou xirasol
2 cebolas, cortadas en rodajas finas
2 dentes de allo, finamente picados
4 ovos grandes
60 ml / 4 culleres de leite
Sal e pementa negra recén moída

Pan quente con manteiga para servir

Botar o ovo por riba e cortar pola metade lonxitudinalmente. Coloque o lado cortado para abaixo nun prato grande e cubra con papel de cociña. Cociña durante 8-9 minutos ou ata que estea tenra. Mestura a carne directamente da pel nun procesador de alimentos co zume de limón e mestura nun puré espeso. Coloque o aceite nunha pota de 1,5 L/2½ pt/6 cuncas. Quenta completa e destapada durante 30 segundos. Mesturar a cebola e o allo. Cociña a lume completo durante 5 minutos. Bater ben os ovos co leite e as especias. Verter na pota e cociñar coa cebola e o allo durante 30 minutos, mexendo cada 30 segundos. Mestura a cebola e o allo e engade o puré de patacas. Continuar a cocer durante 3-4 minutos, mexendo cada 30 segundos, ata que a mestura espese e se incorporen os ovos. Servir sobre pan morno con manteiga.

Tortilla clásica

Capítulo 1

Tortilla de textura lixeira, que pode ser lisa ou rechea.

Manteiga derretida ou margarina
3 ovos
20 ml / 4 culleres de té de sal
A nova localización é Black Pepper
30 ml/2 culleres de sopa de auga fría
Perexil ou berros para adornar

Untar un molde de 20 cm de diámetro con manteiga derretida ou margarina. Bater ben os ovos con todos os ingredientes menos a decoración. (Non abonda con romper os ovos lixeiramente como nas tortillas habituais.) Verter nunha cunca, cubrir cun prato e microondas. Poña a ferver durante 1 ½ minuto. Abre a mestura de ovos cunha culler ou garfo de madeira e leva os bordos parcialmente fixados ao centro. Cubra como antes e volva ao microondas. Poña a ferver durante 1 ½ minuto. Continúa a cociñar durante 30-60 segundos ou ata que a parte superior estea fixada. Dobre en tres e transfira a un prato quente. Decorar e servir inmediatamente.

Deliciosas tortillas

Capítulo 1

Tortilla de perexil: Prepárase como unha tortilla clásica, pero despois de que os ovos estean cocidos durante os primeiros 1,5 minutos, espolvoreo 30 ml / 2 culleradas de perexil picado.

Tortilla cunha culler: Prepárase como unha tortilla clásica, pero despois dos primeiros 1,5 minutos de cocción, espolvoreo os ovos con 30 ml / 2 culleres de sopa de té moído.

Botella de auga: Prepárase como unha tortilla clásica, pero despois dos primeiros 1,5 minutos de cocción, espolvoreo os ovos con 30 ml / 2 culleradas de auga picada.

Tortilla con boas herbas: Prepárase como unha tortilla clásica, pero despois de que os ovos estean cocidos durante os primeiros 1,5 minutos, espolvoreo 45 ml / 3 culleres de sopa de mestura de perexil, perexil e albahaca picado. Podes engadir estragón fresco.

Tortilla de curry de cilantro: Prepárase como unha tortilla clásica, pero ademais de ovos e sal e pementa, mestúrase con 5-10 ml / 1-2 culleres de sopa de curry en po. Despois de que a tortilla estea cocida durante os primeiros 1,5 minutos, espolvoreo os ovos con 30 ml/2 culleres de sopa de cilantro picado.

Tortilla con queixo e mostaza: Prepárase como unha tortilla clásica, pero bátense os ovos e a auga con sal e pementa, 5 ml/1 cullerada de mostaza preparada e 30 ml/2 culleradas de queixo duro relado.

Tortilla para almorzar

Capítulos 1-2

Unha tortilla norteamericana adoita servirse para o xantar do domingo. O almorzo pode ser tan doce e abundante como unha tortilla.

Prepárase como unha tortilla clásica, pero substitúe 30 ml/2 culleradas de sopa de auga por 45 ml/3 culleradas de sopa de leite frío. Despois de abrir, cociña por 1-1 ½ minutos. Dobra en terceiros e deslízao coidadosamente sobre un prato.

Ovos escalfados con queixo fundido

Capítulo 1

1 porción de torrada con manteiga morna
45 ml / 3 culleradas de queixo crema
Tomato Ketchup (gato)
1 peixe corba
60-75ml / 4-5 culleradas de queixo relado
pementa

Unta o queixo crema na tostada e despois o ketchup de tomate. Poñelo nun prato. Arriba cun ovo poché, espolvoreo con queixo relado e espolvoreo con pementón. Derreter durante 1-1 ½ minutos ata que o queixo comece a derreterse. Coma inmediatamente.

Ovos Benedicto

Capítulos 1-2

Un xantar dominical norteamericano non estaría completo sen Eggs Benedict, que rompe todas as restricións de calorías e colesterol.

Coloque nunha pota ou cunca e torra. Arriba con carne de porco lixeiramente á prancha, despois medio ovo fresco. Pincelar con salsa holandesa, despois espolvorear lixeiramente con pimentón. Coma inmediatamente.

Tortilla de Arnold Bennett

Servizos 2

Dise que foi creada polo chef do hotel Savoy de Londres en homenaxe ao famoso autor, é unha tortilla inesquecible para os grandes días e celebracións.

175 g de abadexo ou filete de bacallau afumado
45 ml/3 culleres de sopa de auga fervendo
120 ml/4 fl oz/½ cunca de crema fresca
A nova localización é Black Pepper
Manteiga derretida ou margarina para cepillar
3 ovos
45 ml / 3 culleres de leite frío
Un chisco de sal
50 g / 2 oz / ½ cunca de queixo cheddar de cores ou vermello Leicester, relado

Coloque o peixe en augas pouco profundas. Cubra cun prato e cociña durante 5 minutos. Deixar por 2 minutos. Coar a polpa cun garfo e escorrer. Servir con nata fresca e condimentar con pementa. Untar un molde de 20 cm de diámetro con manteiga derretida ou margarina. Bater ben os ovos co leite e o sal. A placa derrama. Cubra cun prato e cociña durante 3 minutos, empurrando os bordos a metade do tempo de cocción. Acende Full e cociña por outros 30 segundos. Pincelar coa mestura de crema de peixe e espolvorear con queixo. Cociña a lume alto durante 1-1 ½ minutos, ata que a tortilla se quente e o queixo se derrita. Dividir en dúas porcións e servir inmediatamente.

Tortilla

Servizos 2

A famosa tortilla española é redonda e plana coma unha filloa. Combina ben con pan tostado ou pan e unha ensalada verde clara.

15 ml / 1 cucharada de manteiga, margarina ou aceite de oliva
1 cebola, cortada en rodajas finas
175 g de patacas cocidas cortadas en cubos
3 ovos
5 ml/1 porción de sal
30 ml/2 culleres de sopa de auga fría

Coloca a manteiga, a margarina ou o aceite nun prato de 20 cm/8 cm de profundidade, quenta ao tacto durante 30-45 segundos. Mesturar coa cebola. Cubra cun prato e deixe cocer a Tine durante 2 minutos. Revolver as patacas. Cubra como antes e cociña durante un minuto enteiro. Retirar do microondas. Bater ben os ovos con sal e auga. Bota as cebolas e as patacas uniformemente. Cociña a lume completo durante 4,5 minutos, xirando a tixola unha vez. Deixar repousar 1 minuto, despois cortar pola metade e colocar cada peza nun prato. Coma inmediatamente.

Tortilla española cunha mestura de verduras

Servizos 2

30 ml / 2 culleres de manteiga, margarina ou aceite de oliva
1 cebola, cortada en rodajas finas
2 tomates, pelados e cortados en rodajas
½ pemento verde ou vermello pequeno, cortado en rodajas finas
3 ovos
5-7,5 ml / 1-1 cucharadita de sal
30 ml/2 culleres de sopa de auga fría

Coloque a manteiga, a margarina ou o aceite nun prato de 20 cm/8 polgadas de profundidade. Quenta durante un minuto e medio. Mestura a cebola, o tomate e o pemento picado. Cubra cun prato e hornee durante 6-7 minutos ata que estea suave. Bater ben os ovos con sal e auga. Despeje uniformemente sobre as verduras. Cubra cun prato e cociña durante 5-6 minutos ata que os ovos estean fixados, dándolle a volta á tixola unha vez. Dividir en dúas partes e colocar cada unha nun prato. Coma inmediatamente.

Tortilla española con xamón

Servizos 2

Facer unha tortilla coas verduras mesturadas, pero engade 60 ml/4 culleres de sopa de xamón seco picado e 1-2 dentes de allo picado ás verduras e cociña durante 30 segundos máis.

Ovos de queixo en salsa de apio

usas 4

Unha comida rápida para xantar ou cea que é unha gran comida para vexetarianos.

6 ovos duros (duros), pelados e cortados á metade
300 ml/10 fl oz/1 cunca de sopa condensada de apio
45 ml / 3 culleres de nata
175 g / 6 oz / 1½ cuncas de queixo cheddar rallado
30 ml / 2 culleradas de perexil finamente picado
Sal e pementa negra recén moída
15 ml/1 cullerada de pan relado
2,5 ml/½ cucharadita de pementón

Coloca a metade do ovo a unha profundidade de 20 cm. Mestura coidadosamente a sopa e o leite nun recipiente ou prato separado. Quenta durante 4 minutos, mexendo cada minuto. Mestura a metade do queixo e quenta ata que se derrita, 1-1 1/2 minutos. Incorpórase o perexil ao gusto, despois espolvoreo sobre os ovos. Espolvoreo o resto do queixo, o pan relado e o pemento. Dourar baixo unha grella quente antes de servir.

Fu unung ovos

Servizos 2

5 ml / 1 cucharada de manteiga, margarina ou aceite de millo
1 cebola, cortada en rodajas finas
30 ml / 2 culleradas de garavanzos cocidos
30 ml / 2 culleres de sopa de feixóns cocidos ou enlatados
125 g de cogomelos en rodajas
3 ovos grandes
2,5 ml/culler de sopa de sal
30 ml/2 culleres de sopa de auga fría
5 ml/1 salsa de soia
4 cebolas (chalotes), cortadas en rodajas finas

Pon a manteiga, a margarina ou o aceite nun prato de 20 cm/8 cm de profundidade e deixa a pasta descuberta durante 1 minuto. Mesturar coa cebola picada, cubrir cun prato e fritir durante 2 minutos. Mesturar con garavanzos, brotes de soba e cogomelos. Cubra como antes e cociña durante 1,5 minutos. Retírase do microondas e debería estar listo. Bater ben os ovos con sal, auga e salsa de soia. Despeje uniformemente sobre as verduras. Fritir durante 5 minutos, dándolle a volta dúas veces. Séntese durante 1 minuto. Cortar pola metade e colocar cada un nun prato quente. Decorar cunha cebola e servir inmediatamente.

Tortilla con pizza

Servizos 2

Nova pizza de tortilla plana en lugar de masa de fermento.

15 ml/1 cullerada de aceite de oliva
3 ovos grandes
45 ml/3 culleres de sopa de leite
2,5 ml/culler de sopa de sal
4 tomates, pelados, sen sementes e cortados en rodajas
125 g/4 oz/1 cunca de queixo mozzarella
Aceite en 8 latas
8-12 olivas negras pálidas

Poñer o aceite nunha tixola de 20 cm de profundidade e quentar a pasta durante 1 minuto a lume medio. Bater ben os ovos co leite e o sal. Despeje na pota e cubra cunha tapa. Coloca os bordos marcados no centro da tixola e frite durante 3 minutos. Acende Full e cociña por outros 30 segundos. Untar con tomate e queixo, decorar con anchoas e olivas. Fritir durante 4 minutos, dándolle a volta dúas veces. Cortar pola metade e servir inmediatamente.

Tortilla con leite

usas 4

1 alfombra nova, lavada e cortada en franxas de 8 polgadas
30 ml / 2 culleres de vinagre de malta
3 cenorias, cortadas en rodajas finas
3 cebolas, cortadas en rodajas finas
600 ml/porción 1/2 ½ cunca de auga fervendo
10-15 ml / 2-3 culleres de sal

Lavar a carpa, despois remollar en auga fría con suficiente vinagre para cubrir o peixe. (Isto eliminará o sabor lamacento). Coloque nun prato de 23 cm de diámetro/9" de profundidade coa leituga e a cebola, xunto coa auga fervendo e sal. Cubra con papel film (plástico) para que escape o vapor e corte pola metade. Cociña durante 20 minutos, xirando a pota catro veces. Colar, manter líquido. (As verduras pódense usar noutro lugar da sopa de peixe ou deben ser salteadas.) Verter o líquido na pota. Coloque a tenda nunha soa capa. Cubra como antes e cociña durante 8 minutos, dándolle a volta á tixola dúas veces. Deixar por 3 minutos. Usando un coitelo de peixe, corta a alfombra nunha cunca plana. Cubra e refrigere. Verter o líquido nun frasco e arrefriar un pouco ata que se faga xelatinoso. Botar a marmelada sobre o peixe e servir.

Rumores con Eric

usas 4

75 g de albaricoques secos
150 ml/¼ pt./2/3 cuncas de auga fría
Merquei un rolo con 3 rodajas de cebola
150 g/5 oz/2/3 cunca de nata fresca
Follas de leituga mesturadas
Folla

Lavar as ameixas e cortalas en anacos pequenos. Coloque nun recipiente con auga fría. Cubra cunha tapa e cociña durante 5 minutos. Deixar durante 5 minutos. sorteo Cortar as fregonas de rolo en tiras. Engade a cebola e a crema fresca ás ameixas. Mestura ben. Cubra e refrigere durante 4-5 horas para marinar. Servir sobre follas de leituga con pan torrado.

Kipper cocido

Capítulo 1

O microondas evita que os cheiros entren na casa e mantén o arenque suculento e tenro.

1 arenque sen pintar, uns 450 g
120 ml/½ cunca de auga fría
Allo ou margarina

Cortar o sombreiro e botar o rabo. Poñer en auga fría durante 3-4 horas varias veces para reducir o sal, escorrer se é necesario. Coloque nunha cunca grande e pouco profunda con auga. Cubra con papel film (plástico) para que escape o vapor e corte pola metade. Cociña durante 4 minutos. Servir nun prato quente cun pouco de manteiga ou margarina.

Camarón madraza

usas 4

25 g/1 oz/2 culleres de sopa ou 15 ml / 1 cucharada de aceite de cacahuete

2 cebolas, picadas

2 dentes de allo, finamente picados

15 ml/1 colher de sopa de curry en po quente

5 ml / 1 cucharada

5 ml / 1 cda de garam masala

Zume de 1 lima pequena

150 ml/¼ pt/2/3 cunca de caldo de peixe ou vexetais

30 ml / 2 culleres de sopa de puré de tomate (pasta)

60 ml / 4 culleres de sopa de uvas pasas douradas

450 g/1 lb/4 cuncas de camarón na cuncha (gamba), conxelados ou descongelados

175 g/6 oz/¾ cunca de arroz cocido longo

cúpulas pop

Poñer ghee ou aceite nunha cunca de 20 cm de profundidade. Acende o lume durante 1 minuto. Mestura ben a cebola e o allo. Cociña a lume completo durante 3 minutos. Engade curry, comiño, garam masala e zume de limón. Mestura dúas veces e cociña a lume completo durante 3 minutos. Engade a sopa, o puré de tomate e o sal. Cubra cunha placa de forno e cociña durante 5 minutos. Escorrer os camaróns se é necesario, engadir á tixola e mesturar. Cocer a lume alto durante un minuto e medio. Servir con arroz e salsa.

É cocido con salsa martini

usas 4

8 lonchas de 175 g/6 oz, lavadas e secas
Sal e pementa negra recén moída
1 zume de limón
2,5 ml / cullerada de salsa Worcestershire
25 g / 1 oz / 2 culleradas de manteiga ou margarina
4 limpar, limpar e reparar
100 g/3½ oz/1 cunca de xamón cocido, cortado en rodajas
400 g de cogomelos cortados en rodajas finas
20 ml/4 partes de fariña de millo (fécula de millo)
20 ml/4 partes de leite frío
250 ml/8 fl oz/1 cunca de caldo de polo
150 g/¼ cunca/2/3 cunca de crema (lixeira).
2,5 ml / ½ cucharadita de azucre de cana (fino).
1,5 ml/¼ de cucharadita de cúrcuma
10 ml/2 partes de bianco martini

Sazonar o peixe con sal e pementa. Marinar en zume de limón e salsa Worcestershire durante 15-20 minutos. Derreter a manteiga ou a margarina nunha pota. Engade as sementes e frite ata que estea suave e transparente (salsa). Engadir o xamón e os cogomelos e cociñar durante 7 minutos. Mestura o millo co leite frío e engade o resto dos ingredientes. Enche as burbullas e cubre con palitos de cóctel (palillos). Poñer nunha cunca profunda cun diámetro de 20 cm. Pincel coa mestura de cogomelos. Cubra con papel film (plástico) para que escape o vapor e corte pola metade. Cociña durante 10 minutos.

www.ingramcontent.com/pod-product-compliance
Lightning Source LLC
Chambersburg PA
CBHW071855110526
44591CB00011B/1415